Endlich entschlüsselt:
das Jungbrunnen-Geheimnis

Dein Jungbrunnen für ein langes, schmerzfreies Leben

AF188642

Arnold H. Lanz, CH-1700 Fribourg

Inhaltsverzeichnis

Vorwort

Der Traum vom Jungbrunnen ist wohl so alt wie die Menschheit. Auf der einen Seite des Brunnens steigt man - mühselig, ungelenkig, alt, verschrumpelt - hinein. Man taucht kurz unter, um dann auf der anderen Seite des Brunnens wieder herauszusteigen: mit jugendlichem Elan, voller Spannkraft, Vitalität und Lebensfreude. Natürlich auch völlig schmerz- und sorgenfrei.

Utopie?

Nein, keineswegs.

Es gibt viele Expertenstimmen, die uns erklären, dass unser menschlicher Organismus auf eine Lebensdauer von 100 bis 120 Jahre ausgelegt ist; und das bei voller jugendlicher Spannkraft und ohne Rheuma, Arthritis, Fibromyalgie, Diabetes, Herz-Kreislaufprobleme, Krampfadern, Tinnitus, Heuschnupfen, Krebs usw.

Zwar ist die durchschnittliche Lebenserwartung in der Vergangenheit gestiegen, aber von 100 bis 120 Jahren sind wir noch weit entfernt.

Und von jugendlicher Spannkraft, Vitalität und Schmerzfreiheit noch viel, viel weiter. Die Alters-Realität ist vielmehr erschreckend: Unbeweglichkeit, Gebrechlichkeit, unsägliche Qualen und Schmerzen, Gedächtnisverlust, Diabetes, Krebs.

Müssen all diese Alters-Probleme und Leiden sein? Muss Krankheit sein? Nein.

Ist jugendliche Spannkraft, ist physische und psychische Vitalität bis zum Todestag möglich? Ja.

Ich zeige dir hier den Schlüssel hin zu deiner persönlichen Jugendlichkeit.

Und, ganz wichtig, ich unterstütze dich beim Umsetzen.

Ja, ich helfe dir, bis du deine Krankheit überwunden hast und bis dein Organismus stark und fit ist für ein langes, beschwerdefreies Leben.

Regel Nr. 1: Pflege deine Zellen!

Gegenüber materiellen Dingen haben wir Menschen einen riesengrossen Vorteil: Wir sind nicht einfach einmal hergestellt und bleiben dann unverändert bestehen, nein, wir erneuern uns laufend. Unsere Zellen, Organe, Knochen regenerieren, werden neu aufgebaut. Bei der Haut sieht man das am deutlichsten: Eine Schürf- oder Schnittwunde bleibt nicht einfach offen, der Organismus erneuert die defekte Haut und stellt die glatte, reine Hautoberfläche wieder her. Zellerneuerung bzw. Regeneration nennt man das; ein natürlicher Prozess.

Erneuert sich der Organismus komplett? Früher dachte man, der ganze Körper unterliege einem Sieben-Jahres-Rhythmus. In dieser Zeit werde er vollständig neu. Mittlerweile weiss man, dass die Haut, die Magen-Darm-Schleimhaut, die Lungenbläschen, die Blutplättchen dafür nur wenige Tage benötigen, Organzellen wie z.B. Leberzellen etwa ein Jahr und die Knochen bis zu 10 Jahren. Es gibt auch Zellen, die sich kaum erneuern, denken wir nur an Nervenzellen, die unsere Informationen speichern. Die möchten wir gerne ein ganzes Leben behalten.

Die gute Nachricht ist: Wir müssen uns um den Zellerneuerungs-Prozess nicht kümmern, unser Organismus spult den mit höchster Präzision nach dem uralt eingespeicherten Masterplan ab.

Die schlechte Nachricht ist: Der Masterplan kann gestört oder dessen Ausführung verunmöglicht werden. Alkohol und Zucker beispielsweise belasten die Leber derart, dass sie alle Hände voll zu tun hat und den Masterplan nicht oder kaum mehr ausführen kann. Leberzirrhose nennen das die Ärzte (knotig verändertes, kaum mehr durchblutetes Zellgewebe).

Und es gibt noch eine schlechte Nachricht: Der Masterplan hat Engpässe, so z.B. die hormonellen Veränderungen in den Wechseljahren. Stimmt das Hormongleichgewicht speziell in dieser Zeit nicht, kommt es nicht nur zu den bekannten Wechseljahr-Problemen, auch der Masterplan funktioniert kaum mehr.

Und damit sind wir beim Kernpunkt der Alterung: Wir altern nur dann, wenn der Zellerneuerungsprozess nicht reibungslos abläuft. So lange er völlig störungsfrei läuft, altern wir nicht.

Unglaublich, nicht wahr.

Aber es ist wahr und deshalb sage ich es nochmals: So lange der Zellerneuerungsprozess energiegeladen abläuft, altern wir nicht?

Und damit bist nun du gefragt: Wenn du nicht altern möchtest, wenn du dir deine Jugendlichkeit und geistige Spannkraft erhalten möchtest, dann solltest du dein Leben so einrichten, dass dein Organismus den im Hintergrund laufenden Masterplan reibungslos abspulen kann.

Alles, was du dabei selbst tun musst, erkläre ich dir in den nächsten Kapiteln.

Was höre ich? Ob du das wohl schaffst? Klar schaffst du das, denn wenn ich es als sehr kränkliches und anfälliges Kind geschafft habe, dann du auch.

Also: Los geht's!

Regel 1: Pflege deine Zellen!

Mach dir bewusst, dass wir Menschen über einen ungeheuren Schatz verfügen: die unserem Organismus innewohnende Regenerationskraft. Wenn wir diese Ur-kaft nicht behindern, sie vielmehr nach Kräften unterstützen, läuft die Zell-Er-neuerung problemlos bis ins allerhöchste Alter und garantiert Jugendlichkeit, Spannkraft, Vitalität, geistige Frische, Schmerzfreiheit und Lebensfreude - bis zum Todestag.

Regel Nr. 2: Lerne artgerecht zu leben!

Vieles, was wir im Alltag tun, ist alles andere als artgerecht. Das muss ich dir gar nicht erst sagen, das weisst du ohnehin.

Und ja, ich höre genau, wie du sagst: Woher soll ich denn die Zeit für Sport nehmen, wie soll ich mich gesund ernähren, wenn ich nur Junk Food kaufen kann? Kommt dazu, dass die Umwelt belastet ist, die Mitmenschen voller Hektik, Stress, Hass und Geldgier stecken.

Ja, das alles mag stimmen.

Und doch gibt es einen Weg.

Und der ist gar nicht so schwierig. Du musst nur lernen umzudenken und du musst etwas Konsequenz aufbringen. Vieles, (um nicht zu sagen praktisch alles) was wir hören, lesen und sehen, ist Fake-News. Nun ja, vielleicht nicht direkt Fake, aber geschönt, verändert und vor allem auf das eine wichtige Ziel unserer Zeit ausgerichtet; Geld, Geld Geld. Wohin man auch blickt, es geht immer nur darum dir etwas anzudrehen.

Du glaubst mir nicht? Du denkst doch hoffentlich nicht im Ernst, dass Werbesprüche wie z.B. „Man gönnt sich ja sonst nichts" oder „Geiz ist geil" oder „Apfelsaft ist gesund" usw., dass all das Geschwafel der Werbung über Gesundheit, dass das wahr ist und zu einem artgerechten Leben führt.

Ja, du hast recht, ich sollte „artgerecht" definieren: Artgerecht heisst die Organe, das Gedächtnis, den Bewegungsapparat, die Seele so zu benutzen, wie sie artmässig ausgelegt und geschaffen sind.

Zu kompliziert? OK: Tu einfach nur das, was deinem Körper, deiner Seele und deinem Geist nicht schadet. Und tu auf der anderen Seite alles, was deinen Körper, deine Seele und deinen Geist in deren Funktion unterstützt. Ob du es willst oder nicht, Zwänge hin oder her: Du bist ein Mensch. Also lebe wie ein Mensch.

Die grosse Frage ist also: Was benötige ich als Mensch, um artgerecht gesund leben zu können?[1] Oder sollte ich viel eher fragen: Was benötige ich als Mensch alles nicht, um artgerecht leben zu können? Keine Angst, ich bin weder ein grüner Apostel noch ein Utopist noch ein Einsiedler, ich stelle dir hier nur dar, wie du selbst in unserer Zeit, frei von Dogmas artgerecht leben kannst.

---

[1] Top 10 Gesundheit, Arnold H. Lanz, Tredition Verlag, ISBN 978-3-7469-6546-8

Du lebst kein Dogma? Wirklich nicht? Was ist denn mit deinem schlechten Gewissen in Bezug auf Bewegung? Ja, stimmt, du benötigst Bewegung, aber dicke Luft und Lärm in einem Fitnessstudio sind alles andere als gesundheitsfördernd. Lerne erkennen, dass wir im Zeitalter Geld leben. Aus allem und jedem wird ein Geschäft gemacht. Und wenn du nicht freiwillig in ein Fitnessstudio gehst, dann wird dir mit allen Mitteln so lange zugesetzt, bis du ein schlechtes Gewissen hast. Dabei ist Bewegung ganz einfach: Gehen, wandern, marschieren, walken, klettern – an der frischen Luft. Und zudem ein Programm zum Erhalten der Beweglichkeit wie z.B. die fünf Tibeter.[2]
30 bis 60 Minuten täglich. Das ist artgerecht, genügt völlig und ist gratis. Ist das nicht phantastisch? Du tust etwas für deine Regenerationskraft und es kostet dich rein gar nichts.

Um es genau zu definieren:
Die Kunst des artgerechten Lebens besteht darin, dem Organismus mindestens so viel Energie zuzuführen, wie er für seine Aufgaben verbraucht. Wir Menschen verfügen über etliche Energiequellen, wobei Ernährung, Schlaf, Bewegung die drei wichtigsten sind.[3]
Stell dir das Ganze wie einen Akku vor: Du nutzt deine Energiequellen wie eben Ernährung, Schlaf usw. und schaffst damit Energie in deinen Akku rein und das Leben, der Alltag ziehen laufend Energie aus diesem Akku raus. Wenn du gescheit bist, dann schöpfst du deine Energiequellen so optimal wie möglich aus und du bist so sparsam wie möglich beim Verbrauch.

Wenn du den Zufluss vernachlässigst oder beim Verbrauch verschwenderisch bist, dann sitzt du plötzlich auf dem Trockenen und suchst händeringend bei jemandem zu schmarotzen. Oh, ja, leider, in unserer Zeit gibt es massenhaft Schmarotzer. Oder hast du dich noch nie so richtig mies und ausgenutzt gefühlt nach einem Gespräch? Dem Himmel sei es geklagt: Es gibt Mitmenschen, die sind wie Vampire.
Wenn du auf dem Trockenen sitzt und bei niemandem schmarotzen kannst, dann stirbst du zwar nicht, aber dein Akku schaltet automatisch um zum Lebenskraftspeicher. Davon spürst du rein gar nichts. Du ahnst nicht, dass du dabei bist,

---

[2] Fitness und Entspannung mit den fünf Tibetern, Scherz-Verlag, ISBN 978-3-502-25016-6
[3] In Top 10 Gesundheit sind diese Energiequellen ausführlich dargestellt. Arnold H. Lanz, Top 10 Gesundheit, Tradition Verlag, ISBN 978-3-7469-6546-8

deine Lebenskraft aufzuzehren. Du ahnst nichts davon, dass du jetzt im Zeitraffertempo alterst, dass du Vitalität abbaust, deine Gesundheitsreserve aufzehrst. Fakt ist: In dieser Situation stehst du beim genauen Gegenteil der Regeneration, nämlich bei der Degeneration. Dein Organismus kann nicht mehr alle Funktionen erledigen, es kommt zu Fehlern, Entzündungen, Schmerzen, Krankheiten.

Ja, ich weiss, ich sollte auch das mit der Lebenskraft erklären. Nach östlichen Lehren erhält jeder Mensch bei Geburt einen Grundstock an Lebenskraft. Nein, der ist nicht immer gleich gross, er hängt von der Lebenskraft und Energie deiner Eltern im Zeitpunkt der Zeugung und vom Verlauf der Schwangerschaft ab. Diese Lebenskraft-Grundenergie, die hast du zur freien Verfügung, so quasi als eiserne Reserve. Wie gesagt, die einen haben viel davon und verfügen über eine Rossnatur, andere haben weniger, sie haben eine eher kränkliche Konstitution. Völlig unabhängig davon, wie viel oder wenig Grundenergie du hast, du kannst sie mehren oder aufzehren. Du kannst auf Teufel komm raus leben und damit deine Lebenserwartung verringern oder du kannst klug haushalten und damit deine Lebenserwartung verlängern.
Ziel bzw. die Erfüllung des Jungbrunnes ist natürlich, dass du laufend mehr Energie zuführst, als du verbrauchst. Im Klartext: Am Ende des Tages solltest du mehr Energie in deinen Akku eingespeichert haben, als du über den Tag daraus bezogen hast. Ziel ist ein Energiegewinn, ein Energieüberschuss und den füllt dein System ganz automatisch in den Lebenskraft-Langzeit-Speicher. Du erhöhst deine eiserne Reserve. Und das, genau das ist die Garantie für ein langes, schmerzfreies Leben. Ein Überschuss kann sogar eine schwache Konstitution zu einer recht robusten, stabilen Gesundheit aufbauen.
Mit anderen Worten: Gleichgültig, wie „gesund" du geboren wurdest, gleichgültig, wie gut oder mies du dich derzeit fühlst: Alles, was dein Organismus benötigt, um zu regenerieren und um lange gesund und vital zu bleiben, ist ein Energieüberschuss.

Das, genau das, ist der Stein der Weisen, genau hier liegt der Jungbrunnen.
Ja, stimmt, dieser Jungbrunnen sieht etwas anders aus als die uralte Phantasie.
Aber ich garantiere dir, dass dieser Jungbrunnen funktioniert. Und wie er funktioniert!
Dieser Jungbrunnen verlängert nicht nur dein Leben, nein, er kann auch Krankheiten überwinden.

Wenn du wissen möchtest, ob und wie gut du deine primären Energiequellen ausschöpfst, dann nutze mein Analyse-Angebot in Anhang 5. Analysiert wird die Energiezufuhr.

Energiezufuhr: Wie gut schöpfe ich meine primären Energiequellen aus? (Angaben in Prozent):

Datum	Energie aus Nahrung	Energie aus Schlaf	Energie aus Bewegung

Regel 2: Lerne artgerecht zu leben!

Ernährung, Schlaf, Bewegung sind unsere Haupt-Energiequellen. Arbeit, Bewegung, Sorgen, Probleme verbrauchen Energie. Die Kunst des Lebens besteht darin, mehr Energie zu generieren, als Energie verbraucht wird. In dem Ausmass, wie dir das gelingt, kann dein Organismus alle seine Aufgaben reibungslos ausführen. Das heisst auch, dass bestehende Gebrechen aufgelöst werden und dass eine stabile, sichere Gesundheit aufgebaut wird, dass du vor zukünftigen Krankheiten geschützt bist.

Regel Nr. 3: Vermeide Energieverluste!

Mit etwas Suchen und Ausdauer gelingt es, all die vielen Werbe-Sprüche der Industrie und der Ernährungsfachleute als das zu erkennen und als das zu enttarnen, was sie sind: Geschickt formulierte Halbwahrheiten, die nur einem Zwecke dienen: dem Verkauf. Da ist nichts, aber auch gar nichts von Gesundheit. Statistiken weisen ganz im Gegenteil nach, dass wir Menschen im Laufe der Zeit nicht etwa gesünder geworden sind, sondern, dass die Zahl der Adipositas-, Diabetes-, Rheuma-, Fibromyalgie-, Herz-Kreislauf-, Krebs- Kranken von Jahr zu Jahr zunimmt. Zwar wird immer noch hartnäckig behauptet, die Ernährung habe keinen direkten Zusammenhang mit Krankheiten, aber woher kommen die Krankheiten dann? Aus dem Internet? Aus dem Weltraum?

Ist ja doch Quatsch mit Sauce, denn eines ist garantiert wahr: Was auch immer du in deinen Mund steckst, das müssen deine Organe verdauen. Vieles von dem, was da als angeblich gesund angepriesen wird, können sie nicht oder nur unvollständig verdauen– also werden sie krank.

Das ist die Wahrheit.

Und auch eine zweite Wahrheit schleckt keine Geiss weg: Wenn du etwas nicht verdauen kannst, dann kann dein Organismus aus der Nahrung keine Energie gewinnen, die Nahrung wird dann ganz im Gegenteil zu einem Energieverlust. Und damit hast du, schwupps, etwas Positives in etwas Negatives verwandelt. Anstatt deinen Akku aufzuladen, leerst du ihn.

Ernährung und zwar artgerechte Ernährung ist somit ein zentrales Thema auf dem Weg hin zu deinem persönlichen Jungbrunnen.[4]

Mit Schlaf und Bewegung verhält es sich genauso. Jede Energiequelle kann sehr wohl zu einem Energieverlust werden. Denk nur an ein Fitnesstraining im anaeroben Bereich. Damit wird dein Organismus nicht etwa aufgebaut, du schädigst ihn. Umgekehrt kann sich ein Energieverlust auch in einen Energiegewinn umwandeln. Das passiert zwar nicht oft, kann aber durchaus vorkommen. Nehmen wir z.B. Arbeit. Jede Arbeit ist zunächst Konzentration, Muskel- und Gehirntätig-

---

[4] In Top 10 Gesundheit habe ich alle Grundaspekte artgerechter Nahrung dargestellt. Die sinnvollste Analyse die für dich persönlich energiespendenden Nahrungsmittel zu analysieren, ist Metabolic Typing. Angebot: siehe Anhang Nr. 5.

keit und ist somit Energieverbrauch. Wenn die Arbeit dich nun plötzlich interessiert und fesselt und du mit viel Freude arbeitest, dann kann selbst Arbeit zu einem positiven Energieresultat führen.

Zum Thema Energieaufbau, zur Energiezufuhr lassen sich mit Suchen durchaus echte, artgerechte Informationen finden, eben beispielsweise zu gesunder, artgerechter Ernährung. Doch wie steht es mit dem Thema Energieverlust? Da wird es erheblich schwieriger neutrale, sachliche Informationen zu finden, zumal oft nicht einmal klar ist, was denn genau Energie verbraucht. Was denkst du z.B. zum Thema Musik? Energiespender oder Energievernichter? Ich meine, es gehört ja heute zum guten Ton, mit Stöpseln in den Ohren herumzulaufen. Die Industrie suggeriert Freude und Fun ohne Ende. Jedes Ladengeschäft, jedes Restaurant berieselt jedermann ungefragt mit Musik. Oft ist es nicht bloss ein Berieseln, sondern ein Zudröhnen.

Was also ist Musik? Positiv? Negativ? Die Wahrheit ist, sie führt in den meisten Fällen zu einem Energieverlust, denn die Natur ist an sich fast geräuschlos. Wir Menschen können die Augen schliessen, d.h. Licht und Farben ausschliessen. Da es in der Natur natürlicherweise nur wenig Geräusche gibt, haben wir keine Ohrklappen erhalten. Unsere Ohren sind nicht für die ständige Berieselung gebaut. Unser Organismus muss jede Form von Geräusch verarbeiten: eine natürlicherweise unnötige Aufgabe und ein ständiger Energieabgang. Dass wir das nicht unbedingt sofort spüren, ändert nichts an der Tatsache.

Wir sind es gewohnt Arbeit als ermüdend anzusehen. Wir sind gewohnt körperliche Anstrengung, Schwimmen, Tennis spielen usw. als ermüdend anzusehen. Meist zu recht, denn wir spüren die Müdigkeit.

Leider spüren wir andere Anstrengungen nicht oder kaum. Sei es, dass wir nie gelernt haben, diese Form von Müdigkeit wahrzunehmen, sei es, dass der Organismus längst aufgegeben hat, uns die Signale zu senden.

Von welcher Art Energieverlust spricht er denn da, magst du fragen.

Ich spreche vom grössten Energieräuber, ich spreche von Kummer, Sorgen, Angst, Problemen, kurz von emotionalen und psychischen Energieverlusten. Besonders kritisch bzw. besonders energieraubend ist also z.B. eine Arbeit, bei der nicht nur die Arbeit also solches anstrengend, hektisch usw. ist, sondern bei der zudem noch ein mieses Betriebsklima herrscht. Wenn man geschnitten oder gemobbt, unter Druck und Stress gesetzt wird, wenn Mitarbeiter oder Chefs lausige Typen sind, wenn interne Reglemente menschenverachtend sind, kurz: Wenn die Arbeitsbedingungen psychisch krank machen. Da verdoppelt sich der Energieverlust, denn neben dem physischen steht zusätzlich der psychische Energieverlust.

Ebenso problematisch sind Dauerprobleme wie z.B. Streit in der Familie, Ehestreit, Erbstreitigkeiten, finanzielle Sorgen, Sorgen mit Kindern oder Eltern usw. Kaum jemand macht sich eine Vorstellung davon, wie unwahrscheinlich viel Energie solche Themen kosten. Sie sind Energieräuber erster Güte, leeren deinen Akku erschreckend schnell und leider auch nachhaltig. In einer solchen Situation kannst du kaum mehr genug Energie zuführen.

Um aus einer solchen Situation herauszukommen, solltest du auf beiden Seiten, also bei der Energiezufuhr und auch beim Energieverbrauch arbeiten. Beim Energieverbrauch hiesst das: Versuche die Situation zu klären. Hole dir professionelle Hilfe, um das schwelende, ätzende, langwierige Problem aus der Welt zu schaffen. Du kannst es dir langfristig einfach nicht leisten, dauernd massenhaft Energie zu verlieren. Dein Lebenskraft-Speicher ist nicht unbegrenzt gross. Ist er aufgezehrt, bist du tot.

Und das ist die bittere Wahrheit. Die Situation ist todernst. Latente, schwelende, unbewältigte, schwärende Sorgen können tödlich sein.

Bitte setze alles daran, schwelende Konflikte, Ängste, Nöte, Probleme aufzulösen. Versuche dich zu befreien. Obwohl es psychische Probleme sind, hilft oft ein Tapetenwechsel. Geh in die Natur, geniesse Sonne, steig auf einen Berg, verschaffe dir einen Überblick. Geh zur Hypnose, in eine Selbsthilfegruppe oder nutze die Angebote MindLink und Aktivbild.[5]

---

[5] MIndLink und Aktivbild sind Therapien, um emotional und psychisch bedingte Krankheitsursache aufzulösen, das Selbstbewusstsein zu stärken, die Selbstheilungskräfte zu festigen und Sicherheit aufzubauen. Siehe Angebot in Anhang Nr. 5.

Regel 3: Vermeide Energieverluste!

Mach dir bewusst, dass nicht körperliche Anstrengung, sondern mentale und psychische Probleme die grössten Energieverbraucher, ja Energieräuber sind. Setze alles daran, Energieräuber so rasch als möglich loszuwerden. Was auch immer dein Thema ist: Oft ist ein Ende mit Schrecken besser als ein Schrecken ohne Ende.

Regel Nr. 4: Überwache deine Zellerneuerungskraft!

Das Problem des Alterns ist im Prinzip ganz einfach zu erklären: Du wirst alt, dein Körper wird schwächer, wenn du mehr Energie verbrauchst als du zuführst. Ich sag das nochmal, denn es ist zentral: Du wirst alt und krankheitsanfällig, wenn du mehr Energie verbrauchst, als du zuführst.

Dann kann dein Organismus nicht anders: Du spürst, wie das eine oder andere Leiden plötzlich da ist: Entzündungen, Kalkeinlagerungen, Allergien, Hautausschlag: was auch immer. Du wunderst dich, woher es kommt und warum es gerade dich trifft, und du bist dir nicht bewusst, dass das eigentlich alles nur Energiemängel sind. Hätte dein Organismus genügend Energie, könnte er die Leiden vermeiden oder überwinden.

Warum nimmt der Organismus nicht einfach genügend Energie aus dem Lebenskraft-Urspeicher? Ja, sehr gute Frage. Warum eigentlich nicht? Nun, das könnte er in der Tat tun, dann wärst du wohl schmerzfrei, aber zu welchem Preis? Deine Lebensuhr würde viel, viel rascher ablaufen. So nimmt der Organismus nolens volens Schmerzen in Kauf und versucht, dir dein Leben so lange als möglich zu erhalten. Vielleicht lässt er dir die Schmerzen auch, um dich daran zu erinnern, dass da etwas schief läuft.

Leider verstehen die meisten Menschen diese Schmerz-Hinweise nicht. Sie rennen zum Arzt und lassen sich ein Schmerzmittel geben – und belasten den Organismus zusätzlich, verursachen einen zusätzlichen Energieverlust. Damit geraten sie in einen Teufelskreis, der sich immer schneller dreht und an dessen Ende unweigerlich der Tod steht. Ein viel zu früher Tod, der zusätzlich mit viel Schmerz, Leid, Kummer und Sorgen verbunden ist.

Fakt ist: Die allermeisten Menschen verbrauchen deutlich mehr Energie, als sie zuführen. In jungen Jahren kann der Organismus dieses Manko wegstecken, da ist ja noch sehr viel Ur-Lebenskraft vorhanden. Je nach Belastung und Lebensführung beginnen sich aber ab etwa 30 oder 40 Jahren die Anzeichen des Alterns zu mehren. Man ist morgens nicht mehr gleich aktiv und fit, man macht abends oder gar schon nachmittags schlapp oder man fühlt sich ganz generell müde. Man wird anfällig für Dinge, die bisher völlig unbekannt waren, so etwa Heuschnupfen, allergische Reaktionen, chronische Krankheiten, Hautausschlag, Tinnitus. Und auch rein körperlich werden die Zeichen mehr und mehr: Leberflecken auf dem Handrücken oder im Gesicht, Orangenhaut an den Oberschenkeln, Busen und Po folgen der Schwerkraft. Es ist eine Schande und ein Jammer, denn was man auch tut: Sport, Cremes, Massagen, nichts scheint wirklich nachhaltig zu helfen.

Die allermeisten Menschen haben einen negativen Regenerationsfaktor, d.h. ihre Regenerationsmaschinerie, der Zellerneuerungs-Prozess erreicht nur einen geringen Prozentsatz dessen, was der Masterplan vorsieht.

- Wird der Masterplan vollständig erfüllt, läuft die Zellerneuerung zu 100%.

20	40	60	80	100		

- Ist Müdigkeit vorhanden läuft sie noch zu – grob geschätzt – 80%.

20	40	60	80	100		

- Sind chronische Probleme, Heuschnupfen, Allergien, Hautausschläge usw. da, läuft der Prozess noch zu etwa 60%.

20	40	60	80	100		

- Sind erhebliche Krankheiten da, ist eine medizinische Dauermedikation angesetzt wie etwa Blutdrucksenker, Blutverdünner, Cholesterinsenker, Säureblocker usw., dann läuft der Prozess noch zu etwa 40%.

20	40	60	80	100		

- Kommt es zu gravierenden Krankheiten wie Krebs ist die Zellerneuerungskraft meist nur mehr zu etwa 20% vorhanden.

20	40	60	80	100		

Diese Skala ist eine grobe Statistik aus 30 Jahren Heilpraktiker-Erfahrung.

Die Zellerneuerungskraft ist ein rein energetischer Wert und kann mit schulmedizinischen Mitteln nicht gemessen werden. Trotzdem ist sie enorm wichtig, denn sie ist ein Indiz dafür wie gut der Organismus insgesamt funktioniert und was du in den nächsten Jahren zu erwarten hast.

Ich erhebe die Regenerationskraft seit jeher bei allen meinen Patienten und es ist immer eine Freude festzustellen, wie er sich verbessert. In den folgenden Kapiteln findest du Hinweise zu effizienten Mass-nahmen, um diese Jugendlichkeits-Kraft aufzubauen.

Du solltest aber zuvor deinen aktuellen Pegel bestimmen lassen, damit du auch weisst, wo du startest. Du solltest deinen Pegel in Abständen von ein bis zwei Monaten regelmässig überwachen lassen, damit du kontrollieren kannst, ob und wie effizient deine Massnahmen sind. Es gibt genügend Gesundheitsangebote, die das Blaue vom Himmel versprechen, dann aber nie den Nachweis antreten, ob es auch wirklich gewirkt hat.

Ein Angebot, wie du deinen Pegel bestimmen und damit deine Gesundheit überwachen kannst, findest du in Angang Nr. 5. Die Analyse zeigt:

Meine persönliche Regenrationskraft:

Datum	Regenerationskraft (%)	Telomere Neubildungskraft (%)

Regel 4: Überwache deine Zellerneuerungskraft!

Die allermeisten Menschen haben eine viel zu geringe Energiezufuhr und sie verbrauchen im Alltag viel zu viel Energie. Ihre Zellerneuerungskraft erreicht nicht die vom Masterplan vorgesehenen 100%, oft nicht einmal annähernd. Sie altern und zwar meist in einem Tempo, das erschreckend hoch ist.

Regel Nr. 5: Pflege deine Telomere!

Medizin und Forschung sprechen nicht von Zellerneuerungskraft, sondern von Telomeren. Telomere sind die Endkappen unserer Chromosomen. Man kann sie sich vorstellen wie kleine Scheibchen. Jedes Scheibchen enthält den genauen Bauplan der Zelle und ausserdem Antikörper, Schutzschilde vor oxidativem Stress, freien Radikalen usw. Bei jeder Zellteilung, bei jeder Zellerneuerung wird ein Scheibchen verbraucht. Die Zellerneuerung erfolgt einerseits nach Masterplan andererseits aber auch nach Notwendigkeit. So lange die bestehende Zelle ihre Aufgabe gut erfüllt, kann die Zellerneuerung warten. Ist die Zelle aber durch Entzündung, Kalk, Fett, Viren, Bakterien usw. behindert oder beschädigt, muss sie – ggf. auch vorzeitig – ersetzt werden.

Bei den meisten Menschen muss sie oft vorzeitig ersetzt werden.

Das ist nicht nur schade, sondern hat weitreichende Auswirkung, denn Fakt ist, dass die Anzahl der Telomere gemäss Masterplan vorgegeben ist und, dass bei jeder Zellerneuerung ein Telomer-Scheibchen verbraucht wird. Die Anzahl der Telomere nimmt somit über die Jahre ab und zwar so lange bis kein Scheibchen mehr da ist. Ist das letzte Scheibchen aufgebraucht kann sich die Zelle nicht mehr erneuern, sie stirbt definitiv ab.

Alles, was ich in den Kapiteln eins bis vier ausgeführt habe, betrifft die Gesunderhaltung der bestehenden Zellen. Damit der Organismus die Anzahl der Telomere vermehren kann, benötigt es nun noch etwas mehr. Dass der Organismus die Anzahl wirklich vermehren kann, hat die Forscherin Dr. Blackburn nachgewiesen. Sie hat das Enzym Telomerase entdeckt.[6]

Diese Entdeckung wurde zu Recht mit dem Nobelpreis ausgezeichnet. Noch war aber nicht klar, ob und wenn ja, wie unser Organismus Telomerase bilden kann und ob diese Bildung von Telomerase zu einer Neubildung von zusätzlichen Telomeren führen würde. Zusammen mit dem Ernährungstherapeuten Dr. Ornish, ebenfalls Universität von Kalifornien, hat Dr. Blackburn eine Studie angesetzt. Sie haben Probanden einer speziellen Ernährung unterworfen und ihnen zudem moderate Bewegung sowie Entspannung und Meditation vorgegeben.

---

[6] Die Forscherin Dr. Blackburn von der Universität von Kalifornien erhielt 2009 den Nobelpreis für Medizin für die Entdeckung des Enzyms Telomerase.

Das Ergebnis war sensationell: Bereits nach 3 Monaten war der Telomerase Spiegel deutlich gestiegen und in einer Nachuntersuchung nach 4 Jahren hatte die Anzahl der Telomere zugenommen. Der Organismus der Probanden hatte tatsächlich neue, zusätzliche Telomere gebildet.

Ein grosser Sieg in der Anti Aging Forschung.

Doch, wie viel davon ist in der Bevölkerung angekommen, wie viel davon wird umgesetzt? Ich meine, haben die Menschen begonnen bewusster zu essen und zu leben? Sind in den Warenhäusern die Abteilungen für Früchte und Gemüse ausgebaut worden und sind dafür stärkehaltige Produkte wie Teigwaren, Brot, Mais usw. verschwunden? Haben Firmen-Kantinen auf Menüs ohne Nudeln, Reis, Mais umgeschwenkt und die süssen Desserts gestrichen? Haben Restaurants auf Omega 3 Öle und Fette umgestellt? Sind zuckerhaltige Getränke aus den Getränkeautomaten verschwunden? Sind Fast-Food Ketten auf Gemüse-Bars umgestiegen? Sind weltweit Millionen von Yoga- und Meditationszentren entstanden?

Nichts von alledem ist passiert.

Hand aufs Herz, glaubst du persönlich an die Regenerationskraft deines Körpers? Glaubst du, dass dein Organismus in der Lage ist dein Rheuma, Arteriosklerose, Tinnitus, Übergewicht, Heuschnupfen zu überwinden, oder schluckst du nach wie vor Medikamente?

Was denkst du in Bezug auf deine Krankheit, dein Leiden? Wer kann dir helfen? Der Arzt, der Therapeut, der Spezialist, die Forschung, der Heilpraktiker, der Geistheiler?

Zu wem hast du Vertrauen?

Zur spezialisierten Klinik?

Oder zu deinem eigenen Organismus?

Die Wahrheit ist: Dein Arzt, Spezialist, Therapeut usw. kann dir vielleicht etwas Linderung verschaffen, aber heilen, heilen kann dich nur dein Organismus. Genauer gesagt, deine Regenerationskraft.

Nimmt dir Zeit und überdenke diese Frage, sie ist eminent wichtig.

Dein Lebensumfeld ist durch Geld, Business, Gewinn bestimmt. Auch Ärzte, Spitäler, Kliniken unterliegen diesem Rendite-Zwang. Die Nahrungsmittelindustrie, die Fitness- und die Schönheitsbranche haben nur ein Ziel: Umsatz. Sie suggerieren dir zwar, dass sie dein Wohl im Auge haben, aber das ist Selbstzweck, das ist

Teil der Verkaufstaktik. Lass dich davon nicht blenden, das ist psychologisch geschickt aufgebaute Manipulation. In Tat und Wahrheit wollen sie nur eines: verkaufen.

Wäre dem nicht so, hätten wir nicht Millionen von Diabetikern, Rheuma-Kranken usw. Nehmen wir als Beispiel Diabetes. Warum geht die Medizin nicht hin und hilft deinem Organismus diese Schwäche zu überwinden? Überlege für einen Moment. Was ist damit gewonnen, dass du Insulin nimmst? Überwindet dein Organismus damit die Schwäche? Nein. Was er wirklich benötigt, sind Vitamine und zwar in Mengen, allen voran B1, B3, B6, B12, C, D, E.

Könnte es sein, dass dir dein Arzt das nicht sagt, damit du ein Leben lang Insulin kaufst?

Fakt ist und bleibt: Nichts und niemand kann heilen – ausser dein Organismus bzw. deine Regenerationskraft. Die Regenerationskraft ist absolut phantastisch. Sie bildet nicht nur neue Zellen, sie überwindet Krankheiten.

Als Zusammenfassung der Erkenntnisse Dr. Blackburn bleibt:
Wir können sehr wohl weit über das statistische Alter hinaus gesund, fit und leistungsfähig bleiben, wenn wir unseren Organismus artgerecht pflegen:

- vollwertige, Basen- und Omega 3- überschüssige Nahrung,
- keine veränderten, verfeinerten, angereicherten Nahrungsmittel,
- Zucker nur in Form von Obst, Gemüse, Früchten, Beeren,
- genügend Ausgleich zur sitzenden Lebensweise durch moderate Bewegung: Wandern, Gehen, Walken,
- genügend Schlaf,
- genügend Vitalstoffe,
- genügend Ausgleich zu Anspannung und Stress, z.B. durch Thai Chi, die 5 Tibeter, Yoga, Meditation.

Wenn du wissen möchtest, wie es um deine Telomere steht, dann nutze mein Analyse-Angebot im Anhang 5. Analysiert wird die folgende Kennziffer:

Meine persönliche Telomere – Neubildungsrate:

Datum	Regenerationskraft (%)	Telomere Neubildungskraft (%)

Regel 5: Pflege deine Telomere!

Die Nobelpreisträgerin Dr. Blackburn hat schlüssig nachgewiesen, dass unser Organismus einen Anti-Aging Mechanismus besitzt. Der hat allerdings rein gar nichts mit gängigen Jungbrunnen- oder Fitness- Vorstellungen zu tun. Andererseits ist er vollständig gratis, er kostet nichts – ausser ein Umdenken und etwas Konsequenz. Du bist frei ihn zu nutzen.

Regel Nr. 6: Pflege deine Zellen!

Dr. Blackburn hat nachgewiesen, dass sich neue Telomere bilden können und dass somit der Zellerneuerungsprozess über lange, lange Zeit läuft. Bekannt ist zudem, dass jede neue Zelle einen Schutzschild gegen Angreifer, oxidativen Stress, freie Radikale usw. erhält. Sie ist also gerüstet für ein langes Leben.

Das Problem ist bloss: In welches Körperklima wird die neu gebildet Zelle denn hineingeboren? Ist das Körperklima frei von Säure, Entzündung, Kalk? Ist die Zufuhr an lebensnotwendigen Vitalstoffen intakt? Ist die Entsorgung der Abfallstoffe gewährleistet?

Tatsache ist leider, dass das Körperklima vieler Menschen alles andere als intakt ist. Das Säure-Basenklima ist längst in den sauren Bereich gekippt, das Omega 3 : 6 Verhältnis ist im tiefrot-entzündlichen Bereich und der Mineralhaushalt ist gestört, so dass der Körper angefangen hat Kalk in Arterien und Gelenken einzulagern.

In der Studie Dr. Blackburn wird zu Recht immer wieder von „genügend" gesprochen. Genügend Schlaf, genügend Ausgleich, genügend Vitalstoffe. Sie sagt damit indirekt genau das, was ich oben erwähne: Das Körperklima muss stimmen, es muss genügend mit artgerechten Vitalstoffen alimentiert sein, damit die Organe gesund bleiben. Stimmt das Körperklima nicht, muss es zunächst aufgebaut werden.

In meinem Buch Top 10 Gesundheit habe ich alle Aspekte zu einem gesunden Körperklima dargestellt.[7] Deshalb liste ich hier nur die wichtigsten Aspekte als kurze Übersicht auf.

Durch unsere hektische, rastlose Lebensweise, durch nährwertarme, säurebildende Nahrungsmittel ist das Körperklima der allermeisten Menschen deutlich oder gar erheblich übersäuert. Möglichkeiten das Säure-Basen-Klima zu verbessern, sind in Anhang Nr. 1 dargestellt.

---

[7] Arnold H. Lanz, Top 10 Gesundheit, Tredition Verlag, ISBN 978-3-7469-6546-8

Durch den Konsum schlecht abbaubarer Fette ist das Aminosäuren Verhältnis Omega 3 : 6 bei den allermeisten Menschen stark Omega 6 lastig. Omega 6 verursacht Entzündungen, die der Körper nicht überwinden kann, ausser man vermeidet Omega 6 Lieferanten und ersetzt sie durch Omega 3 Produkte. Anhang Nr. 2 listet Omega 3 bzw. Omega 6 haltige Nahrungsmittel auf.

In der Natur dauern Anspannung und Entspannung - Ebbe und Flut – gleich lang. Auch wir Menschen sollten zeitmässig gleich lange entspannen, wie wir uns anspannen, konzentrieren und stressen. Wie viele Stunden arbeitest du, wie viele Stunden bist du in Anspannung? Wie gleichst du das aus? Ja, Schlaf zählt als Entspannung, aber kommt das zeitmässig hin? Oder solltest du in deinen Tagesablauf nicht doch viel Meditation und Yoga einbauen?

Unsere Organe sind ganz massiv unterversorgt mit lebensnotwendigen Vitalstoffen. Grund dafür sind nährwertlose, veränderte, verfeinerte, angereicherte, synthetische Nahrungsmittel und die allgegenwärtige irreführende Werbung: Nahrung genügt, Nahrungsergänzung ist nicht notwendig. Meist fehlen insbesondere folgende Vitalstoffe: B6, B12, C, D, Magnesium, K2, Bor. Ausgetrocknete Vitalstoffdepots aufzubauen, dauert oft viele Monate, wenn nicht Jahre, ebenso eingelagerte Kalkrückstände wieder abzubauen. Hinweise wie du deinem Körper hilfst eingelagerten Kalk wieder los zu werden, findest du in Anhang Nr. 3.

Möglichkeiten, wie du dein Körperklima, das Omega 3 : 6 Verhältnis, das Ausmass der Kalkeinlagerung usw. überwachen kannst, findest du in Anhang 5.

Wenn du wissen möchtest, ob dein Organismus mit Säure oder Kalk belastet ist, dann nutze mein Analyse-Angebot in Anhang 5.

So werden Säure, Entzündung, Verkalkung dargestellt (siehe Anhang 5):

Datum	Belastung Giftstoffe	Säure-Base pH Wert	Entzündung CRP	Verkalkung

Regel 6: Pflege deine Zellen!

Durch nährwertlose Nahrungsmittel und durch ungenügende Entspannung ist unser Körperklima oft völlig aus dem Ruder gelaufen. Wir sind übersäuert, haben viel zu viel Entzündungswerte in uns, sind in Bezug auf Vitalstoffe unterversorgt und wir haben viel zu wenig Entspannungsphasen. In einem solchen Körperklima überleben Zellen deutlich weniger lange, als es der Masterplan vorsieht. Die Zellerneuerung erfolgt in unnötig kurzen Abständen – die Lebenserwartung sinkt. Die meisten Menschen befinden sich in genau dieser Situation, also völlig entgegengesetzt dem, was sie möchten: ein langes, schmerzfreies Leben.

Regel Nr. 7: Saniere dein Körperklima!

Unsere Zellen und Organe sind meist erheblich ernährungs- und umweltgeschädigt. Willst du gesund und lange leben, ist eine Sanierung deines Körperklimas notwendig.

Im Handel gibt es jede Menge Ausleitungs- und Entgiftungskuren. Das Problem all dieser Kuren ist, dass man den Erfolg nicht feststellen kann. Weder wird vor der Kur festgestellt, was denn genau belastet, noch wird nach der Kur analysiert, was man denn nun erreicht hat.

Auch der Ansatz der Kur ist höchst unterschiedlich, die eine Kur zielt auf eine bessere Funktion der Leber, die nächste saniert angeblich die Nieren, die dritte unterstützt Herz-Kreislauf, die vierte reinigt die Atemwege. Womit soll man bloss anfangen? Wie lange und wie oft muss man eine Kur machen?

Die letzte Frage lässt sich am einfachsten beantworten: Entgiften ist ein Dauerthema. Man muss es täglich tun. Warum? Allein schon, weil unsere Umwelt alles andere als intakt ist. Weil unsere Früchte und Gemüse mit Insektiziden, Pestiziden, Fungiziden belastet sind. Weil unser Fleisch mit Tier-Antibiotika verseucht ist. Weil unsere Nahrungsmittel angereichert, verfeinert, verändert sind.

Und, ganz wichtig, weil Viren, Bakterien, Pilze, Parasiten allgegenwärtig sind.[8]

Du glaubst mir nicht? Es ist nachgewiesen, dass rund 75 % aller Menschen Helicobacter-Bakterien in sich tragen. Deine Chance auf Helicobacter stehen also 75 : 1. Nein, an Helicobacter stirbst du nicht, du fühlst sie meist nicht einmal, aber dein Organismus muss unnötig Energie aufwenden, um sie in Schach zu halten.

Stell dir das so vor: Dein Organismus muss Gefängnisse errichten und diese Gefangenenlager bewirtschaften. Würde er all die Störenfriede einfach frei umherschwirren lassen, dann würdest du ihr Treiben deutlich spüren, dann wärst du innert kürzester Zeit ernsthaft krank. Durch die Gefangennahme und Überwachung erspart dir dein Organismus, dass eine Krankheit ausbricht. Natürlich versucht dein Organismus die Störenfriede auszuschaffen. Aber dazu benötigt er erstens viel Energie und zweitens leistungsfähige, intakte Organe; allen voran Magen-Darm, Leber, Niere, Milz und Lymphe.

---

[8] Eine Liste möglicher Belastungen findest du in Anhang Nr. 4.

Und das sind denn auch die Organe, die am meisten Pflege benötigen. Und zwar genau in dieser Reihenfolge. Mit anderen Worten. Entgifte nie nur z.B. die Leber, denn wenn die Leber dann tatsächlich mehr entgiftet, sollten die Nieren, Milz, Lymphe entsprechend stark sein um dieses Mehr auch wirklich abzutransportieren. Arbeitest du nicht ganzheitlich, verschiebst du ein Problem lediglich von einem Organ zum nächsten.

Erfahrungsgemäss befindet sich die grösste Ansammlung unerwünschter Mikroben meistens im Magen-Darm-Bereich. Genauer gesagt im Mikrobiom, in der Magen-Darm-Schleimhaut. Ist das Mikrobiom gestört, funktioniert dein Immunsystem nur mehr eher schlecht als recht. Da die Gesundheit des Mikrobioms schulmedizinisch kaum jemals hinterfragt wird, wird die wirkliche Ursache sehr vieler Krankheiten nie behandelt. Willst du deinem Organismus helfen, strebst du wirkliche Entgiftung an, dann steht die Mikrobiom-Magen-Darm Sanierung immer an erster Stelle.

Der nächste Schwerpunkt liegt bei der Leber. Die Leber ist unser Hauptentgiftungsorgan und sollte in jedem Fall und immer wieder und stets gepflegt und betreut werden.

Was die Leber entgiftet, muss der Organismus ausscheiden. Er hat etliche Ausscheidungskanäle: Die wichtigsten sind Nieren, Milz, Lymphe und bei Frauen die Mens. Sind diese wenig leistungsfähig, benutzt der Organismus auch die Atmung und die Haut.

Die einfachste Entgiftungs-Methode ist Tee. Suche nach guten Magen-Darm-, Leber-Galle-, Niere-Blase- Teemischungen, so z.B. von Sidroga oder Pfarrer Künzle. Mach eine richtige Kur. Erste Woche Magen-Darm, zweite Woche Leber, dritte Woche Niere-Blase usw.

Noch effizienter sind Urtinktur-Kräutermischungen. In den Urtinkturen ist die Pflanzenkraft höher dosiert, der Entgiftungseffekt ist weit stärker. Suche nach einer guten Kräuter-Apotheke oder –Drogerie. Viele haben eigene Mischungen. Wenn nicht, dann lass dir diese Tinkturen mischen:[9]

Magen-Darm Urtinkturmischung	Leber-Galle Urtinkturmischung	Niere-Blase Urtinkturmischung	Milz + Lymph Urtinkturmischung
Mentae	Taraxacum	Cranberry	Viola tricolor
Millefoli	Cynara scol.	Burdock, lab herb	Taraxacum
Melissae	Centauri	Corn Silk, Corn	Carduus maria-nus
Absinthum	Menthae	Dandelion	Rosmarini
Matricariae	Carvi	Tumeric	Cinaria scol
Centauri			Urtica
Carvi aethero-leum			Solidago
Rosmarini			

So wird die Belastung, die Vergiftung dargestellt (siehe Anhang 5):

Datum	Belastung Giftstoffe	Säure-Base pH Wert	Entzündung CRP	Verkalkung

---

[9] Weitere Hinweise zur Entgiftung und Sanierung des Körperklimas findest du in Top 10 Gesundheit.

Regel 7: Saniere dein Körperklima!

Umwelteinflüsse, Belastungen in den Nahrungsmitteln, Hektik und Stress verunreinigen unsere Organe, verschmutzen das Körperklima. Entgiften ist eine Daueraufgabe. Beachtet man einige grundlegende Regeln, ist diese Aufgabe mit relativ wenig Aufwand leicht zu erfüllen.

Ziel der Reinigung ist, dass die Organe leistungsfähig und fit sind und, dass möglichst keine Störenfriede den Energiehausalt belasten.

Regel Nr. 8: Booste dein Energieniveau!

Leben ist Energie und dein Energieniveau entscheidet darüber, wie gut du dich fühlst.

Nimm das bitte wortwörtlich.

Wenn du dich nicht wohl fühlst, wenn du leicht erkältet bist, wenn du hustest, wenn du Schmerzen hast, wenn die Blase brennt, wenn du depressiv bist, wenn du müde bist, wenn du dich einfach nicht aufraffen kannst, wenn du die Zukunft nur schwarz siehst, wenn es dir stinkt – dann gibt es immer einen einzigen wirklichen Hintergrund: Du hast zu wenig Energie. Dein Organismus ist nicht in der Lage alle Funktionen optimal auszuführen.

Ja, ich weiss, oftmals dauert eine Energiesanierung, ein Energieaufbau lange, lange Zeit und man ist völlig gefrustet, weil man ja schon so viel getan hat oder tut und weil der Organismus das hartnäckige, lästige Leiden einfach und einfach doch nicht überwindet.

Diese Situation enthält eine grosse Gefahr, nämlich die, dass du auf deinen Organismus oder deine Organe wütend wirst. Bitte tue das nicht. Organe sind nie, wirklich nie bösartig oder hinterhältig oder schmerzen vorsätzlich. Sie tun immer und zwar jede Sekunde deines Lebens ihr Allerbestes. Sie sind willig, bereit und sie geben sich Mühe. Wenn sie nicht optimal funktionieren, dann gibt es immer einen Grund: Verschmutzung, Behinderung, Schadstoffe, Viren - und den Mangel an Energie diese Belastungen loszuwerden.

So lange irgendein Thema da ist, steht deine Regenerationskraft nicht bei 100%. Die Energiezufuhr ist zu gering, der Energieverbrauch zu hoch. Oft ist es so, dass man den Energieverbrauch nicht senken kann – schliesslich hat man ja seine Verpflichtungen, die Arbeit, die sozialen Kontakte. Also bleibt als Lösung die Energiezufuhr zu erhöhen. Und zwar um so viel, dass die Energiebilanz nicht bloss bei 100, sondern bei 110 oder besser noch bei 120 Prozent steht.

Ja, ich höre, wie du fragst: Warum das denn? Ich dachte 100% seien das Ziel.

Nun 100% wären das Ziel, wenn alles gut funktionieren würde, wenn deine Gelenke nicht schmerzen würden, wenn deine Nase nicht chronisch laufen würde, wenn die Umwelt und das Trinkwasser nicht verschmutzt wären. Solange Krankheiten oder Probleme da sind, benötigt dein Organismus einen Extra-Schub, um die Probleme nicht nur zu kontrollieren, sondern definitiv auszuräumen.

Strebe 110 bis 120% an, denn dein Organismus benötigt den Überschusss dringend:

- Du hast in der Vergangenheit zu wenig eingefüllt, dein Lebenskraft-Urspeicher hat abgenommen. Den musst du dringend wieder auffüllen, sonst ist dein Traum „langes Leben" vorzeitig ausgeträumt.
- Du hast ein verschmutztes Körperklima, Säure, Kalk usw,. das saniert werden muss. Dein Organismus benötigt also einen Energie-Überschuss, um diese liegengebliebene Zusatzaufgabe zu erfüllen.
- Du hast alte oder chronische Krankheiten. Dein Organismus kann sie nur abbauen, wenn er dafür Energie einsetzen kann, die nicht für den normalen Tagesablauf benötigt wird.

20	40	60	80	100	110	120

Die einfachste und zugleich effizienteste Methode, deine Energiebilanz aufzupolieren und richtiggehend zu boosten, ist Nahrungsergänzung. Oft ist es nicht bloss eine Möglichkeit, sondern pure Notwendigkeit. Selbst, wenn du nur biologisches Gemüse isst, die Pflanze wurde verändert. Alle Züchtungen haben ein Ziel: Ertrag und Schädlingsresistenz. Vitalgehalt war und ist nie Ziel. Volumen, Gewicht, Menge, Aussehen ist das Ziel. Wir Menschen lassen uns ja so gerne täuschen. Mach dir bewusst: Trotz dem meist sehr reichen Nahrungsmittelangebot, auch an frischen Nahrungsmitteln, leben wir in einer krassen Unterversorgung. Wenn du keine Nahrungsergänzung nimmst, fehlen dir höchstwahrscheinlich B12, C, D, K2, Magnesium und Bor; mindestens.

Bitte mach dir bewusst, dass ein Blutbild beim Arzt nur das zeigt, was gerade im Blut schwimmt – und das ist meist wenig genug. Was dein Organismus wirklich benötigt, das sind Vitalstoff-Reserven. Jede einzelne Zelle – wir haben Billionen davon – benötigt einen Arbeitsvorrat an allen Vitaminen und Mineralien. Gut, ja, in unterschiedlichen Mengen: Die Augenzellen benötigen besonders viel Vitamin A, das Herz besonders viel Magnesium und B12 usw.

Wichtig zu verstehen ist: Haben die Zellen keinen oder einen ungenügenden Arbeitsvorrat an Vitalstoffen, dann funktionieren sie einfach nicht. Du kannst nicht erwarten, dass dein Organismus ein Leiden überwindet, wenn er die Vitalstoffe nicht hat.

Und, mach dir auch bewusst, dass dein Organismus riesige Mengen an Vitalstoffen benötigt. Eine aufziehende Erkältung beispielsweise kannst du mit Orangensaft nicht verhindern. Um sie zu verhindern, benötigt dein Immunsystem 5'000 bis 10'000 mg Vitamin C; täglich.

Ja, ich höre dich: Was soll ich denn nehmen? Es gibt ja so viel. In der Tat, die Auswahl ist riesig - auch die Auswahl an ungeeigneten um nicht zu sagen gefährlichen Mitteln. Bitte lass die Finger weg von allem, was synthetisch hergestellt wird. Suche bewusst nach Nahrungsergänzung, die auf Früchten, Obst, Gemüse, Beeren, Kräutern, Gräsern, Heil-Pilzen usw. basiert. Ja, ich weiss, in gewissen Ländern ist das schwierig, da ist die Pharmalobby so mächtig, dass fast nur synthetisch hergestellte Nahrungsergänzung angeboten wird. Dafür mit sehr viel irreführender Werbung.

Such also im Internet. Gute, vertrauenswürdige Firmen sind Dr. Wolz Deutschland und in den USA: NOW, Natures Way, MacroLife, Health Plus.[10]

Als absolutes Minimum benötigst du ein gutes, breitgefächertes Multivitamin. Auch, wenn ich oben aufgezählt habe, was meistens fehlt: Kaufe nicht Einzelprodukte, also nicht z.B. B 12. Suche nach einem Multivitamin, das den ganzen B-Komplex mit vielen anderen Vitalstoffen kombiniert. Denke daran: Im Organismus hängt alles mit allem zusammen. Biete deinem Organismus eine breitgefächerte Palette an, so findet er, was er wirklich benötigt.

Das Gleiche gilt auch für Kräuter: Kaufe kein Produkt, das auf einer einzigen Substanz basiert. Rosskastanien sind gut bei Venenleiden, so wird behauptet. Und ich muss sagen, ja, das stimmt. Aber Rosskastanien reizen die Magen-Darm-Schleimhaut und sind deshalb vielleicht ein kurzfristiger Notbehelf. Um Venenleiden richtig anzugehen, benötigst du eine Pflanzenmischung, die mindestens folgende Pflanzen enthalten sollte: Aesculus (Rosskastanie), Ruscus, Vinca minor, Ginkgo biloba, Fagopyri

Bitte achte auch beim Entgiften auf diesen Grundsatz. Oft wird Brennnessel als ultimative Entgiftungskur gelobt. Ja, stimmt, Brennnessel hilft. Aber Brennnessel senkt den Blutdruck. Wenn du also schwindlig wirst nach einer Woche Brennnessel-Tee, dann höre lieber auf damit und suche – wie im vorherigen Kapitel

---

[10] Gerne analysiere ich die für dich notwendigen und effizienten Nahrungsmittelzusätze. Nutze meinen Beratungsdienst. Siehe Anhang Nr. 5.

empfohlen – viel lieber nach Kräuterkombinationen Leber-Galle, Niere-Blase usw.

Damit du deinen Vitalstoffhaushalt kontrollieren kannst, damit du weisst, ob deine Nahrung und deine Nahrungsergänzung wirksam und effektiv ist, analysiere ich den Vitalstoffbestand wie folgt:

Vitalstoff-Versorgung Vitamine

Datum	A	B 1	B 2	B3	B 6	B 7=H	B 9	B 12	C	D (D3)	E

Vitalstoff-Versorgung Mengen-Mineralien

Datum	Calzium	Chlorid	Kalium	Magnesium	Natrium	Phosphor	Schwefel

Vitalstoff-Versorgung Mineralien und Spurenelemente

Datum	Bor	Chrom	Eisen	Kupfer	Selen	Vanadium	Zink

Regel 8: Booste dein Energieniveau!

Auch beste Nahrung enthält heute lange nicht mehr so viele Vitalstoffe wie noch vor 30 Jahren. Nahrungsergänzung ist nicht nur ratsam, sondern ein absolutes Muss. Achte allerdings strikte auf Produkte, die auf Obst, Gemüse, Beeren, Früchten, Kräutern, Gräsern, Heil-Pilzen usw. basieren. Kaufe nie synthetisch hergestellte Produkte. Bitte wirklich nie, auch wenn sie noch so verführerisch beworben werden.

Regel Nr. 9: Lerne entspannen, nimm's mit Humor!

Eine weitere Energiequelle, die deine Energiezufuhr richtiggehend boostet, ist eigentlich eine Selbstverständlichkeit – die heute leider gar nicht mehr selbstverständlich ist.

Ja, ich spreche von Entspannung, Loslassen, Ausgleich.

Nein, ich spreche ausdrücklich nicht von Liederlichkeit, gehen lassen, Verantwortungslosigkeit, dumm dreister Unbekümmertheit. Und auch nicht von saufen, zudröhnen usw. Ja, mag sein, dass solche Praktiken auch entspannen – aber zu welchem Preis? Deine Organe leiden. Das kann nicht dein Ziel sein.

Nein, ich spreche von Meditation, Kontemplation, Beschaulichkeit, Sinneswahrnehmung. Kennst du das? Oder anders gefragt, kannst du dir darunter überhaupt etwas vorstellen?

Als ich ein Knabe war, habe ich mich oft gefragt, was mein Vater abends eigentlich tat. Bei schönem Wetter setzte er sich vor das Haus und blickte in die Natur. Er beobachtet die Katze im Garten, hörte den Vögeln auf dem Baum zu, beobachtete den Wind in den Blättern des Baumes und sah sich den Sonnenuntergang an. Nein, er hörte keine Musik dazu, er hatte kein Handy dabei, chattete nicht, las keine SMS, war weder auf Facebook noch Instagram; er tat einfach nichts. Ausser sich an der Natur zu erfreuen, die Natur zu geniessen.

Wie weit entfernt bist du davon? Ich meine, was tust du in deiner Freizeit? Chatten, Party, Sport, TV, Musik hören, soziale Kontakte, chillen, lesen? An sich habe ich nichts gegen all das, aber das Meiste davon ist weder Ruhe noch Erholung. Vielmehr Nervenkitzel, der uns als Fun verkauft wird. Ist es wirklich Fun, ich meine, gibt es dir etwas? Bist du zufriedener dadurch, bist du ruhiger, ausgeglichener, leistungsfähiger? Bist du glücklich, ruhst du in dir? Oder fördert es deine Nervosität, deine innere Unruhe, deine tief verwurzelte Unzufriedenheit, deine innere, sorgsam verborgene Unsicherheit und damit deine Erschöpfung?

Ein, zwei Generationen zurück versammelte sich die Familie dreimal am Tag am Esstisch und da wurde zuerst das Tischgebet gesprochen und dann gegessen. Altväterisch? Ja, vielleicht, aber gib deinen Organen doch etwas Zeit, sich auf die Aufgabe – hier die Verdauung – vorzubereiten und stopf nicht einfach Essen in dich hinein.

Siehst du, was ich sagen will? Lebe bewusster. Vermeide Ablenkung, Störung, Verzettelung.

Schaffe dir einen Ausgleich zur Tagesaktivität, verschaffe dir Entspannung. Schaffe dir echte Erholung.

Nutze Licht und Luft, so oft du kannst. Geh vermehrt raus, mach Wanderungen, schlendere entlang einem Bach, steig auf einen Berg, geniesse Sonnenauf- oder Sonnenuntergänge.

Lerne Meditation, Yoga, die 5 Tibeter. Such dir ein einfaches, effizientes Programm zur Entspannung.[11]

Und meditiere. Die einfachste Art ist: Such dir eine stille Ecke, schliesse die Augen, spüre in deinen Körper und nun beginne zu atmen. Atme bewusst langsam ein, atme tief und konzentriere deine Gedanken auf den Atem. Atme aus, langsam und tief und begleite deinen Atem mit deiner Aufmerksamkeit. Immer wenn die Gedanken abschweifen, dann hole sie liebevoll zurück und konzentriere dich auf den Atem. Spüre, wie der Atem fliesst, ein und aus, ein und aus. Entspanne deine Muskeln, deine Sehnen und Bänder, sitze locker und entspannt. Fühle deinen Atem. Ein und aus. Spüre deinen Atem. Ein und aus. Schmecke deinen Atem. Ein und aus. Höre deinen Atem. Ein und aus. Konzentriere dich auf deinen Atem. Geniesse deinen Atem. Er ist dein Leben, er ist Energie pur.

Und wenn es denn wieder einmal dicke kommt, dann lache.

Ja, ich weiss was du jetzt denkst: Der hat gut reden, sitzt bequem da und hat nichts Besseres zu tun.

Ja, genau. Ich habe nichts Besseres zu tun. Denn Humor ist das Allerbeste, was man in Stress, Belastung, Not, Sorgen tun kann: Lachen. Lachen entspannt und entkrampft blitzartig jede Situation und zwar nicht nur mental, sondern auch physisch. Dass man sich unter Stress komplett verspannt, das bemerkt man ja oft nicht. Umso wichtiger ist es, ein Instrument zu haben, das umfänglich entspannt. Und das ist Lachen. Wenn du nicht mehr so genau weisst wie das geht

---

[11] Ein Programm wie z.B. die Fünf Tibeter. Sie kosten 10 Minuten täglich und bieten körperliche, seelische und geistige Entspannung. Eine detaillierte Anleitung findest du hier: Arnold H. Lanz: Fitness und Entspannung mit den Fünf Tibetern, Scherz-.Verlag, ISBN 978-3-502-25016-6.

oder wenn du so gar nichts hast, worüber du lachen kannst, dann hilft dir vielleicht ein gezeichneter Witz, ein lustiges Video oder eine Kurzgeschichte.[12]

Regel 9: Lerne entspannen, nimm's mit Humor!

Entspannung, Ausgleich, Ruhe tut Not. Leider lernen wir das weder in der Schule noch bei der Arbeit. Wir müssen es uns selbst angewöhnen. Wie heisst es doch so schön? In der Ruhe liegt die Kraft. Suche und geniesse die Ruhe und du wirst staunen, wie kraftvoll und vital dein Leben wird.

Humor ist, wenn man trotzdem lacht.[13] Humor entkrampft, lockert und reinigt jede Situation und stoppt damit den Energieverlust.

---

[12] Arnold H. Lanz: Humor ist, wenn man lacht. Satirisch-humorvolle Kurzgeschichten, Tredition Verlag 2019, ISBN 978-3-7482-1849-4
[13] Otto Julius Bierbaum, deutscher Schriftsteller, 1865-1910

Regel Nr. 10: Nutze die schönste Art!

Jungbrunnen heisst Regeneration, Zell-Erneuerung. Fragen wir uns doch, wann in unserem Leben der Organismus die meisten neuen Zellen bildet.

In den Ferien? Ferien sind ja, so die Werbung, erholsam. Hat dein Organismus also Zeit, Musse und Kraft in den Ferien besonders zellaktiv zu sein? Die Antwort heisst Jein.

Du bist zwar deinen gewohnten Alltag und Stress los, aber du bist auch in einer ungewohnten Umgebung, isst ungewohnte Speisen und das wiederum kann stressen. In den Ferien tauschst du oft einfach einen Stress gegen einen anderen. Kommt dazu, dass du Sorgen, Probleme, chronische Krankheiten leider nicht einfach zu Hause lassen kannst. Dummerweise kommen sie mit dir – und bilden auch in den Ferien einen dauernden Energieverlust.

Meist kommt man mit einem Koffer schmutziger Wäsche nach Hause und trifft auf viel liegengebliebene Arbeit. Der Erholungswert, hatten die Ferien denn einen gebracht, ist damit rasch aufgebraucht.

Ist ein Kuraufenthalt besser? Da wird ja so viel getan zum Wiederaufbau, zur Verjüngung. Leider beschränken sich viele Anwendungen auf das Äussere. Dumm ist in dieser Situation, dass sich unser Organismus von innen nach aussen und nicht von aussen nach innen entwickelt. Und weiter dumm ist: Sorgen kann man weder wegbaden noch abwaschen. Sie werden vielleicht sogar intensiver, denn man hat ja so viel Musse, um darüber nachzudenken.

Gibt es also gar nichts, was unsere Zellerneuerung beschleunigt? Ein Rekonvaleszenz-Intensivprogramm z.B. nach einer Operation oder nach einem Unfall? Solche Massnahmen in allen Ehren, aber sie helfen bestenfalls die negativen Folgen der Operation oder des Unfalls zu mildern. Von einer verjüngenden Zellerneuerung ist man dabei weit entfernt.

Suchen wir also weiter. Wann in unserm Leben hat der Organismus haufenweise neue Zellen gebildet? In welcher Lebenssituation hat er wie verrückt neue Zellgebilde erschaffen? Ja, richtig, in der Jugend, im Zeitabschnitt vom Baby bis zur Pubertät.

Wenn wir das jetzt erkannt haben, bleibt nur noch zu überlegen: Was war denn die Urquelle, der Ursprung, dass überhaupt ein Baby entstand, dass all diese Zell-Neubildungen stattfanden? Ja, genau, die Befruchtung des Eies. Sperma und weibliche Säfte haben sich vereinigt und neues Leben gezeugt. Und damit die Initialzündung zu einem der grössten Wunder dieser Welt gelegt: Die Bildung von Billionen von Zellen, das Entstehen und Heranwachsen eines Menschen.

Die grösste Kraft der Zellerneuerung und Zellregeneration liegt ganz eindeutig in den Ursäften. Nichts auf dieser Welt wirkt so stark verjüngend, regt die Zellreproduktion so nachdrücklich an wie Spermien und weibliche Säfte. Das Schöne an dieser Wahrheit ist: Du kannst nicht zu viel tun. Du darfst die Lust so oft auskosten, wie du magst. Du darfst so viel Ursäfte aufnehmen wie zu kannst: Sie tun immer nur eines: Sie beschleunigen und verjüngen deine Zellneubildung.

Die Liebe ganz generell ist ein Jungbrunnen erster Güte. Erinnerst du dich an deine erste Verliebtheit? Warst du nicht himmelhochjauchzend? Konntest du nicht die ganze Welt umarmen, Bäume ausreissen? War das Glück nicht rosarot, riesengross? Die grosse Kunst des Lebens besteht darin, sich dieses Glück, diesen Jungbrunnen, diese Energiequelle so gut als irgend möglich zu erhalten.

Und da ist noch ein Geheimnis: Alle unsere menschlichen Aktivitäten werden über zwei Steuersysteme gesteuert. Das Nervensystem ist zuständig für unmittelbare Aktionen, so z.B. alle Muskelbewegungen (stehen, gehen, essen usw.). Das Hormonsystem ist zuständig für langwierige Veränderungen, s z.B. das Grössenwachstum in der Kindheit, die Pubertät, die Wechseljahre und auch für Dinge wie unsere gute oder schlechte Laune.

Was genau fördert und harmonisiert unser Hormonsystem? Ja, richtig, die Hormone. Woher kommen sie? Von den hormonproduzierenden Organen wie z.B. Hypophyse, Schilddrüse, Nebennieren. Und, leider, auch aus der verunreinigten Umwelt, z.B. aus dem Trinkwasser, das östrogenhaltig ist (nicht abgebaute Pillenrückstände). Die Spermienqualität der Männer hat sich über die letzten Jahrzehnte deutlich verschlechtert, Frauen leiden vermehrt unter zu viel Östrogen. Gibt es eine Möglichkeit auszugleichen? Ja: Sex. Genauer: Die Frau benötigt dringend männliche Spermien, um ihren Hormonhaushalt auszugleichen, der Mann benötigt dringend weibliche Vagina Feuchtigkeit, die er über den Penis aufnimmt, um seinen Hormonhaushalt auszugleichen.

Genügt dies nicht, bleibt das Anregen der hormonproduzierenden Organe durch Vitalstoffe. Wichtig ist auch hier, dass zunächst festgestellt wird, ob und in welchem Ausmass ein Ungleichgewicht besteht. Der Gleichklang an Östrogen und Testosteron ist für Frau und Mann sehr wichtig, denn sie garantieren im Alltag Ausgeglichenheit, innere Ruhe, Stabilität. Im Idealfall erreicht man je 100%. Über- oder Unterversorgung bzw. ein Hormon-Ungleichgewicht (z.B. viel zu viel Östrogene im Verhältnis zum Testosteron-Bestand) weist auf ein latentes, schwelendes Krankheitsrisiko hin.

Wenn du wissen möchtest, wie es um deinen Hormonhaushalt steht, dann nutze mein Analyse-Angebot in Anhang Nr. 5.

Hormonhaushalt: Bestand der wichtigsten Hormone

Datum	Östrogen	(Progesteron)	Testosteron

Zusammenfassend:
- Nutze die artgerechte Nahrung, hole dir deine individuelle Metabolic Typing Analyse,
- befreie deinen Organismus von Säure, Entzündung, Kalk, Schadstoffen. Überwache diese top wichtigen Gesundheitsparameter, hole dir in regelmässigen Abständen deine persönlichen Werte,
- nutze effiziente Nahrungsergänzung, nimm mindestens, mindestens ein breitgefächertes Multivitamin,
- suche und praktiziere Entspannung, Meditation, Ausgleich, Ruhe,
- gestalte deinen Alltag mit Humor,
- lebe deine Liebe, bleibe verliebt und geniesse Zweisamkeit und Sex.

Regel 10: Nutze die schönste Art!

In der Wachstumsphase vom Baby bis zum Teenager produziert unser Organismus massenweise neue Zellen. Die Initialzündung dazu wird bei der Vereinigung von Sperma und Eizelle gelegt. Darin ist ein tiefes Geheimnis, eine unwahrscheinlich potente Zellbildungskraft verborgen. Durch Zweisamkeit, Liebe, Sex können wir diese Kraft noch und noch ausschöpfen.

So, liebe Leserin, lieber Leser, nun habe ich dir deinen Jungbrunnen aufgezeigt. Ja, ich weiss, er sieht ganz anders aus, als man gemeinhin denkt. Dafür ist er real. Und er funktioniert. Ich selbst habe es erlebt und ich durfte es an Tausende von Patienten weitergeben. Wenn es bei all diesen Menschen funktioniert hat: Warum sollte es ausgerechnet bei dir nicht funktionieren? Dazu besteht kein Grund. Und: Wenn du magst, dann begleite ich dich auf deinem Weg hin zu Vitalität, Gesundheit, Schmerzfreiheit und langes Leben. Nutze das Angebot im Anhang Nr. 5.

Die 10 Regeln

> ### Regel 1: Pflege deine Zellen!
>
> Mach Dir bewusst, dass wir Menschen über einen ungeheuren Schatz verfügen: die unserem Organismus innewohnende Regenerationskraft. Wenn wir diese Ur-kraft nicht behindern, sie vielmehr nach Kräften unterstützen, läuft die Zell-Er-neuerung problemlos bis ins allerhöchste Alter und garantiert Jugendlichkeit, Spannkraft, Vitalität, geistige Frische, Schmerzfreiheit und Lebensfreude - bis zum Todestag.

Mein Umsetzen:

Regel 2: Lerne artgerecht zu leben!

Ernährung, Schlaf, Bewegung sind unsere Haupt-Energiequellen. Arbeit, Bewegung, Sorgen, Probleme verbrauchen Energie. Die Kunst des Lebens besteht darin, mehr Energie zu generieren, als Energie verbraucht wird. In dem Ausmass, wie dir das gelingt, kann dein Organismus alle seine Aufgaben reibungslos ausführen. Das heisst auch, dass bestehende Gebrechen aufgelöst werden und dass eine stabile, sichere Gesundheit aufgebaut wird, dass du vor zukünftigen Krankheiten geschützt bist.

Mein Umsetzen:

Regel 3: Vermeide Energieverluste!

Mach dir bewusst, dass nicht körperliche Anstrengung, sondern mentale und psychische Probleme die grössten Energieverbraucher, ja Energieräuber sind. Setze alles daran, Energieräuber so rasch als möglich loszuwerden. Was auch immer dein Thema ist: Oft ist ein Ende mit Schrecken besser als ein Schrecken ohne Ende.

Mein Umsetzen:

Regel 4: Überwache deine Zellerneuerungskraft!

Die allermeisten Menschen haben eine viel zu geringe Energiezufuhr und sie verbrauchen im Alltag viel zu viel Energie. Ihre Zellerneuerungskraft erreicht nicht die vom Masterplan vorgesehenen 100%, oft nicht einmal annähernd. Sie altern und zwar meist in einem Tempo, das erschreckend hoch ist.

Mein Umsetzen:

Regel 5: Pflege deine Telomere!

Die Nobelpreisträgerin Dr. Blackburn hat schlüssig nachgewiesen, dass unser Organismus einen Anti-Aging Mechanismus besitzt. Der hat allerdings rein gar nichts mit gängigen Jungbrunnen oder Fitness Vorstellungen zu tun. Andererseits ist er vollständig gratis, er kostet nichts – ausser ein Umdenken und etwas Konsequenz. Du bist frei ihn zu nutzen.

Mein Umsetzen:

_____

_____

_____

_____

_____

_____

_____

_____

_____

_____

_____

_____

_____

_____

_____

_____

_____

Regel 6: Pflege deine Zellen!

Durch nährwertlose Nahrungsmittel und durch ungenügende Entspannung ist unser Körperklima oft völlig aus dem Ruder gelaufen. Wir sind übersäuert, haben viel zu viel Entzündungswerte in uns, sind in Bezug auf Vitalstoffe unterversorgt und wir haben viel zu wenig Entspannungsphasen. In einem solchen Körperklima überleben Zellen deutlich weniger lange, als es der Masterplan vorsieht. Die Zellerneuerung erfolgt in unnötig kurzen Abständen – die Lebenserwartung sinkt. Die meisten Menschen befinden sich in genau dieser Situation, also völlig entgegengesetzt dem, was sie möchten: ein langes, schmerzfreies Leben.

Mein Umsetzen:

Regel 7: Saniere dein Körperklima!

Umwelteinflüsse, Belastungen in den Nahrungsmitteln, Hektik und Stress verunreinigen unsere Organe, verschmutzen das Körperklima. Entgiften ist eine Daueraufgabe. Beachtet man einige grundlegende Regeln, ist diese Aufgabe mit relativ wenig Aufwand leicht zu erfüllen.

Ziel der Reinigung ist, dass die Organe leistungsfähig und fit sind und, dass möglichst keine Störenfriede den Energiehausalt belasten.

Mein Umsetzen:

Regel 8: Booste dein Energieniveau!

Auch beste Nahrung enthält heute lange nicht mehr so viel Vitalstoffe wie noch vor 30 Jahren. Nahrungsergänzung ist nicht nur ratsam, sondern ein absolutes Muss. Achte allerdings strikte auf Produkte, die auf Obst, Gemüse, Beeren, Früchten, Kräutern, Gräsern, Heil-Pilzen usw. basieren. Kaufe nie synthetisch hergestellte Produkte.

Mein Umsetzen:

_____

_____

_____

_____

_____

_____

_____

_____

_____

_____

_____

_____

_____

_____

_____

Regel 9: Lerne entspannen, nimm's mit Humor!

Entspannung, Ausgleich, Ruhe tut Not. Leider lernen wir das weder in der Schule noch bei der Arbeit. Wir müssen es uns selbst angewöhnen. Wie heisst es doch so schön? In der Ruhe liegt die Kraft. £Suche und geniesse die Ruhe und du wirst staunen, wie kraftvoll und vital dein Leben wird.

Humor ist, wenn man trotzdem lacht. Humor entkrampft, lockert und reinigt jede Situation und stoppt damit den Energieverlust.

Mein Umsetzen:

_____

_____

_____

_____

_____

_____

_____

_____

_____

_____

_____

_____

_____

Regel 10: Nutze die schönste Art!

In der Wachstumsphase vom Baby bis zum Teenager produziert unser Organismus massenweise neue Zellen. Die Initialzündung dazu wird bei der Vereinigung von Sperma und Eizelle gelegt. Darin ist ein tiefes Geheimnis, eine unwahrscheinlich potente Zellbildungskraft verborgen. Durch Zweisamkeit, Liebe, Sex können wir diese Kraft noch und noch ausschöpfen.

Mein Umsetzen:

Vom gleichen Autor

TOP 10 GESUNDHEIT

Nach demnächst 30 Jahren Gesundheitspraxis stelle ich fest, dass Krankheiten problemlos vermeidbar wären, würden einige grundsätzliche Regeln beachtet. Mein gesammeltes Wissen habe ich in 10 prägnanten, kurzen Regeln dargestellt – sie sind ein wahrer Jungbrunnen für jeden, der sie beachtet.

Mir persönlich haben sie vor rund 30 Jahren aus meinem Burnout herausgeholfen, meinen Prostata-Krebs geheilt, mich vor Herzinfarkt bewahrt, Hämorrhoiden, Tinnitus, Migräne, Sinusitis verschwinden lassen. In den letzten 30 Jahren haben diese Regeln Hunderten, wenn nicht Tausenden von Patienten geholfen, ihre Gesundheitsprobleme zu überwinden.

Wie auch immer dein Leiden heisst: Hier ist der Schlüssel zu Gesundheit, Vitalität, Wohlbefinden!

Das verspreche ich dir. Arnold H. Lanz, kant. appr. Heilpraktiker

Lieferbar im Tredition Verlag Hamburg:
Paperback   ISBN: 978-3-7469-6546-8
Hardcover   ISBN 978-3-7469-6547-5
eBook   ISBH 978-3-7469-6548-2

Humor ist, wenn man lacht

„Humor" ist eine Sammlung von Kurzgeschichten: humorvoll, feinsinnig, anregend,
spielerisch. Lanz liebt phantasievolle Wort-
spiele. Sein Humor kennt die ganze Band-
breite: von einfach über verspielt, zu kno-
chentrocken oder satirisch und tiefernst-
nachdenklich.

Lanz will einfach nur unterhalten – dir ein
Lächeln oder Schmunzeln auf dein Gesicht
zaubern und dir Momente schenken, in de-
nen du alles um dich herum vergessen
kannst. Momente der Entspannung und
Freude.

„Humor ist, wenn man lacht" ist eingeteilt in Kapital:

- phantasievolle Geschichten, die über Alltäglichkeiten schmunzeln,
- Parodien verschiedener Lebensbereiche, die unweigerlich zum Lächeln anregen,
- satirisch humorvoll verpackte medizinische Ratschläge,
- kurze Anekdoten, die humorvoll verpackte Weisheiten auf den Punkt bringen,
- Geschichten, die zum Schmunzeln und Nachdenken anregen.

Lieferbar als

Paperback	ISBN 978-3-7482-1849-4
Hardcover	ISBN 978-3-7482-1850-0
eBook	ISBH 978-3-7482-1851-7

Anhänge

Nr.	Inhalt
1	Säure – Base
2	Omega 3 : 6
3	Kalk
4	Umweltbelastungen
5	Angebote

Anhang 1: Das Säure-Basen Gleichgewicht

Unser Organismus tut alles, um ein ausgewogenes Säure-Basen Verhältnis zu erhalten und zu bewahren. Leider ist das in unserer Zivilisation nicht einfach. Viel zu viele Einflüsse stören das Gleichgewicht. In unserem Alltag überwiegt die Säure eindeutig, so dass Säure-Base ein Thema ist, das ein Leben lang zu beachten ist.

Die meisten Menschen haben zu viel Säure, weil

- unsere ganze Umwelt sauer ist,
- wir viel Hektik, Nervosität, Aufregung, Stress, Sorgen um uns herum haben,
- wir Handy-, WLan-, Computer-, Photovoltaik- usw. Strahlen ausgesetzt sind. Strahlen, deren Auswirkungen heute nicht restlos geklärt sind,[14]
- wir meist mehr sauer wirkende Nahrungsmittel essen als basische, [15]
- viele Menschen nicht wissen, was echte Säure-Bomben sind,[16]
- wir Säure im Alltag kaum bemerken. Der Organismus scheidet sie aus dem Blut aus, lagert sie im Gewebe ein und versucht sie zu kontrollieren. Das gelingt weitgehend, bis – ja, bis das Glas einfach überläuft,
- es schulmedizinisch keine einfache Methode zur Bestimmung von im Körper, im Gewebe, in den Gelenken eingelagerter Säure gibt. Säure bleibt so oft über lange, lange Zeit unbemerkt,
- die Wirksamkeit von Entsäuerungs-Kuren kaum jemand kontrolliert, kontrollieren kann,
- die Qualität all der Basen-Mittel (Salze, Kuren, Kräuter usw.) kaum jemand beurteilen kann.

---

[14] Immer wieder liest man von Walen, die ohne ersichtlichen Grund gegen den Strand schwimmen und kläglich verenden. Man vermutet, dass der Schiffsfunk, dass Strahlen, den Orientierungssinn der Wale stört. Welche negativen Auswirkungen unsere strahlenverseuchte Welt auf uns Menschen hat, ist heute nicht wirklich bekannt.
[15] Eine gute Übersicht über sauer bzw. basisch wirkende Nahrungsmittel: https://www.zentrum-der-gesundheit.de/saure-und-basische-lebensmittel.html
[16] Amerikanische Fachinstitute wie z.B. Nutrition & Healing stufen Weissbrot (=Weizen =Stärke) plus Fruchtsäfte (=Zucker) als die zwei gefährlichsten Nahrungsmittel weltweit ein.

Entsäuern ist eine Daueraufgabe.

Dem deutschen Arzt Hufeland[17] wird folgendes Basen-Rezept zugeschrieben:
0,2 Liter Wasser erhitzen. Zwei mittelgrosse Kartoffeln mit einer feinen Reibe in das kochende Wasser reiben. Einige Minuten köcheln (überwellen). Den Sud essen.

In der Humoralmedizin wird Kü-Ka-Lei-Wa empfohlen:
- 1 Liter Wasser aufkochen
- 1 EL Kümmel (-Gewürz), beigeben
- 500 gr Kartoffeln gut waschen, nicht schälen, beifügen
- 2 EL Leinsamen, nicht geschrotet, beigeben
- Das Ganze 20 Minuten köcheln lassen, die Kartoffeln richtig zerkochen, sie zerstossen
- Abkühlen lassen und danach abseihen
- Den ganzen Liter über den Tag trinken

Basen-Pulver
Für viele Menschen ist die Einnahme eines Basen-Pulvers einfacher. Davon gibt es viele auf dem Markt. Neben Mineralien enthalten einige auch Kräuter oder fein geriebene Halbedelsteine. Auch mineralhaltige Heilerde ist auf dem Markt zu finden.
Grundsätzlich gilt: Je mehr unterschiedliche Mineralien in dem Pulver sind, umso besser wirkt es: Mindestens Magnesium, Selen und Zink sollten enthalten sein, vorzugsweise auch Kalium.

---

[17] Christoph Wilhelm Hufeland, deutscher Arzt, königlicher Leibarzt, 12.08.1976 – 25.08.1836. Er wird als Begründer der Makrobiotik gesehen.

Basen-Bäder

Nimm reines, klassisches Meersalz oder ein spezielles Basen-Pulver für Vollbä-
der oder Fussbäder: Dauer 30 Minuten.

Besteht eine Übersäuerung (Rheuma, Gicht, Gelenkschmerzen) über längere
Zeit, ist es sinnvoll, Basenpulver / Basen-Bäder mit Hufeland oder Kü-Ka-Lei-Wa
zu kombinieren.

Anhang 2: Annährungswerte Omega 3 : 6

Öle / Fett	Anteil Omega 3	Anteil Omega 6
Omega 3 überschüssige Fette/Öle		
Leinöl	56	15
Leinsamen	17	4
Chia Samen / Öl	3	1
Omega 3:6 neutrale Fette/Öle		
Butter	2	2
Rahm	2	2
Bratbutter	1	1
Kokosfett, Bio-Qualität	1	2
Omega 6 überschüssige Fette/Öle		
Avocado, Oliven	0	2
Rapsöl	9	26 - 55
Baumnuss, Walnuss	7	34
Olivenöl und Hanföl	1	8 -15
Weizenkeimöl	8	57
Nüsse, ausser Baumnuss	1	7 - 35
Margarine	1	18 - 35
Kürbiskernöl	1	54 - 100
Sonnenblumenöl	1	66 - 140
Distelöl	1	78 - 130
Nachtkerzenöl	1	80 - 100

Die Tabelle zeigt es auf einen Blick: Leinöl ist das mit Abstand Omega 3 reichste Öl. Flachs / Lein wurde seit jeher verwendet, Lein ist eine menschlich-artgerechte, einheimische Pflanze.

Anhang 3: Rezepte bei Kalkeinlagerungen

Apfelessig

Wer Apfelessig ursprünglich empfohlen hat, ist kaum mehr festzustellen. Wissenschaftliche Studien zur Anwendung und Wirkung sind wohl nicht vorhanden, dafür finden sich viele begeisterte Berichte.

Apfelessig

- hilft bei Arterienverkalkung,
- hilft bei Diabetes (insbesondere zum Vermeiden der Diabetes-Spätfolgen),
- senkt den Cholesterinspiegel,
- reguliert die Verdauung,
- wirkt sättigend, senkt Heisshunger,
- senkt den Blutzuckerspiegel,
- macht basisch, reguliert das Säure-Basen-Gleichgewicht,
- wirkt gegen Pilze und Bakterien.

Es gibt weitere Stimmen, die sagen, Apfelessig

- helfe abzunehmen,
- gebe eine schöne, straffe Haut,
- pflege den Haarboden, gebe schöne Haare,
- sei ein gutes Warzenmittel.

Anwendung:

Apfelessig ist denkbar einfach in der Anwendung: **1 EL auf 100 ml Wasser, nüchtern vor dem Essen.**

Bitte nur reinen, nicht pasteurisierten, naturtrüben Apfelessig aus Bio-Äpfeln verwenden

Zitronen-Getränk nach Dr. Johanna Budwig

So bereitest du das Getränk zu:

- 1 Liter destilliertes oder abgekochtes Wasser
- den Saft von 3 Zitronen beifügen (auspressen),
- 1 daumendickes Stück Ingwer frisch raspeln, beifügen
- 3 TL Honig

Alles gut vermischen durch Umrühren.

Das Getränk einen Tag bei einer Temperatur von 15-25°C aufbewahren. Dadurch wird eine leichte Mazeration erreicht. Trink den ganzen Liter am Folgetag glasweise über den Tag verteilt. Am 2. Tag den Liter für den 3. Tag ansetzen, am 3.Tag für den 4. usw. Immer eine Woche Zitronen-Getränk, dann eine Woche Pause, dann erneut eine Woche Getränk usw.

Dieses Rezept ist von Dr. Johanna Budwig überliefert und zwar als Vitalisierungsgetränk. Sie schreibt dazu:

Das Vitalisierungsgetränk stärkt die Effizienz der Verdauungsorgane. Giftablagerungen im Darm werden ausgeschieden, die innere Darmvergiftung durch behinderten Stuhlgang wird eliminiert. Vermieden werden Verstopfung, Blähungen, Rumoren, Verdauungsschwäche, harte Stuhlgänge und Hämorrhoiden.

Die Zitronensaftkur hilft, die chemischen Gifte auszuscheiden, die sich von Parasiten, Pilzen, Hefebakterien und Darmbakterien eingenistet haben. Das Immunsystem wird dadurch gestärkt. Dadurch erhöhen sich automatisch unsere geistige Konzentration und unsere mentale Klarheit. Und es gibt eine sehr beliebte Nebenwirkung: Gewichtsabnahme!

Anhang 4: Umweltbelastungen, die zu Krankheiten aller Art führen können

Unsere Umwelt ist voll von krankmachenden Stoffen *

Chemikalien, denen wir ausgesetzt sind:
• Umweltverschmutzung, Industriestaub
• Zigaretten-, Pfeifen-, Zigarrenrauch
• Auto-, Bus-, Lastwagen-, Flugzeugabgase
• Farben, Lösungsmittel, Klebstoffe: Wohnungs-, Büro-Möbel: Formaldehyd, Toluene, Benzene
• Pflegeprodukte: Kosmetika, Haarspray, Shampoo
• Gemüse, Früchte, Beeren: Pestizide, Herbizide, Fungizide und chemische Düngemittel
Schwermetalle, denen wir ausgesetzt sind:
• Tabakrauch: Nickel, Blei, Cadmium, Arsen
• Kochgeschirr: Edelstahl, Nickel, Aluminium (und vereinzelt Zinn)
• Schmuck:)Billigschmuck) Nickel (auch Gold und Silber sind keine körpereigenen Metalle)
• Hydrierte Fette und Öle: Nickel
• Verfeinerte Nahrungsmittel: Nickel
• Zähne: Kronen: Amalgam, Quecksilber (Porzellan-Füllungen: Nickel)
• Brunnen-Wasser: Blei, Cadmium, Aluminium
Elektromagnetische Felder, denen wir ausgesetzt sind:
• Flugzeuge
• Röntgenstrahlen
• Sonne in den hohen Bergen
• Atomstrom-Anlagen
• LAN, WLAN
• Bluetooth
• Schnurloses Telefon
• Solaranlagen
ELF (low frequency) Magnetfelder, denen wir ausgesetzt sind:
• Mikrowellen-Öfen
• Handy, Smart-Phones
• Elektrische Wärmekissen
• Quarz-Uhren
• Elektrische, elektronische Wecker
• Kupfer-Matratzen,
• Wasser Betten mit Heizung
• Fernsehgeräte

- Lampen, Sparlampen
- Computer, Notebooks, selbst wenn diese abgestellt sind
- Rauchmelder

Nahrungsmittel, die wir essen:
- Hormone und Antibiotika in der Tiermast
- Pestizide, Fungizide, Herbizide in Getreide, Gemüse, Früchten, Salat
- Haltbarmachende Stoffe, Konservierungsmittel in Lebensmitteln
- Toxische Fette, Transfette
- Zucker und zuckerhaltige Nahrungsmittel
- Coffein, coffeinhaltige Lebensmittel
- verarbeitete und verfeinerte Lebensmittel
- Alkohol
- Medikamente

Kunstfasern, synthetische Stoffe, Klebstoffe
in Möbeln, Teppichen, Vorhängen, Tapeten, Kleidern
bearbeitete Stoffe wie z.B. knitterfreie Baumwolle
Materialien wie Kleider, Bettwäsche, Nahrungsmittel, die speziell behandelt wurden, z.B. mit
antiparasitären, antibakteriellen, antimykotischen Mitteln

*Diese Aufzählung, diese Beispiele stammen aus dem Buch:"The complete Cancer Cleanse" von M.S. Cherie Calbom. Thomas Nelson Verlag, ISBN 978-0-7852-8863-3

Anhang 5: Angebote

Zur Überwachung deiner persönlichen Gesundheit biete ich dir Hilfe an. Bitte schreibe an info@lanz-heilpraxis.ch.
Ich analysiere deinen Gesundheitszustand indem ich folgende Kennziffern erhebe:

Angebot: Regenerationskennziffer, Telomere Neubildungskraft, Energiezufuhr, Säure-Base, Entzündung, Verkalkung usw.

Die Regenerationskennziffer ergibt sich als Saldo aus Energiezufuhr und Energieverbrauch: Sie sollte bei mindestens 100%, besser noch bei 110 bzw. 120% stehen.
Bleibt die Regenerationskennziffer unter 100%, alterst du erheblich schneller als notwendig. Beträgt sie über 100%, wird dein Langzeit Speicher aufgefüllt, du erhälst gratis Lebenszeit, Lebensjahre geschenkt.

Telomere sind jene Urzellen im DNS Strang, die sich zu einer neuen aktiven Zelle entwickeln können. Die Anzahl ist beschränkt und das heisst, dass sich die Zellen irgendwann nicht mehr neu bilden können. Neueste wissenschaftliche Erkenntnisse zeigen, dass der Organismus – bei entsprechend intensiver Unterstützung – neue Telomere bilden kann, was im Klartext heisst, dass sich die Zellen bis ins allerhöchste Alter immer und immer wieder vollständig, vital und gesund regenerieren.
Analysiert wird, inwiefern dein Organismus die Fähigkeit der Telomere-Neubildung besitzt (Angabe in Prozent).

Meine persönliche Regenerationskraft und Telomere Neubildungskraft:

Datum	Regenerationskraft (%)	Telomere Neubildungskraft (%)

Energiezufuhr:
Wie gut schöpfst du deine primären Energiequellen aus? Wie viel Energie gewinnst du aus Ernährung, Schlaf, Bewegung, wie optimal nutzt du sie?
Werte in Prozent (10 – 100%)

Energiezufuhr: wie gut schöpfe ich meine primären Energiequellen aus (Angaben in Prozent):

Datum	Energie aus Nahrung	Energie aus Schlaf	Energie aus Bewegung

Körperklima Belastungsgrad

Wie intensiv ist dein Körperklima durch Schadstoffe, Metalle, Viren, Bakterien, Pilze, Toxen usw. belastet? In der Entwicklung dieser Kennziffer kannst du die Effizienz deiner Entgiftungs-Massnahmen ablesen.

Kennziffer auf einer Skala von 10 (sehr hohe Belastung) bis 1 (geringe oder kaum mehr messbar Belastung).

Säure-Basen-Verhältnis

Analysiert wird die im Gebe, in den Organen und Gelenken insgesamt eingelagerte Säure. Ermittelt wird, wie stark das Körperklima mit Säure belastet ist.

Kennziffer ist der pH Wert. Werte unter 7,0 bedeuten: Säureüberschuss. Werte über 7,0 bedeuten: Säure-Base ist ausgeglichen bzw. liegt im angestrebten leicht basischen Bereich.

Entzündungsgrad

Analysiert wird die in Gelenken, im Gewebe, in den Organen vorhandene Entzündung. Kennziffer ist der CRP Wert (1 – 100). Angestrebt werden so tiefe Werte als möglich. Schulmedizinisch deutet ein CRP Wert von 50 oder mehr auf eine manifeste Entzündung hin, so z.B. Rheuma, Fibromyalgie, Arthritis.

Verkalkungsgrad

Analysiert werden Kalkablagerungen in den Gelenken, Arterien, Gehirn. Skala von 1 – 10. Anzustreben ist so wenig Kalk als möglich (1). Die Entwicklung der Kennziffer hilft deine Entkalkungs-Anstrengungen zu kontrollieren, zu überwachen.

So werden diese Werte dargestellt:

Datum	Belastung Giftstoffe	Säure-Base pH Wert	Entzündung CRP	Verkalkung

Vitalstoff-Versorgung

Damit alle Organ- und Körperfunktionen reibungslos ablaufen können, benötigt jede einzelne Zelle einen genügenden Arbeits-Vorrat an Vitaminen, Mineralien und Spurenelementen. Gemessen wird der Bestand / die Grundversorgung mit Vitalstoffen in Prozent (0 bis 100%).

Vitalstoff-Versorgung Vitamine

Datum	A	B 1 Thiam	B 2 Ri-bof	B3 Niacin	B 6	B 7=H Biotin	B 9 Fols.	B 12	C	D (D3)	E

Vitalstoff-Versorgung Mengen-Mineralien

Datum	Calcium	Chlo-rid	Kalium	Magne-sium	Nat-rium	Phos-phor	Schwefel, MSM

Vitalstoff-Versorgung Mineralien und Spurenelemente

Datum	Bor	Chrom	Eisen	Kupfer	Selen	Vanadium	Zink

Hormonhaushalt

Ein ausgeglichener Bestand an Östrogen und Testosteron ist eine wichtige Voraussetzung für Ausgeglichenheit, Stabilität, innere Ruhe. Analysiert wird der aktuelle Bestand in Prozent.

Hormonhaushalt: Bestand der wichtigsten Hormone

Datum	Östrogen	(Progesteron)	Testosteron

Angebot: Kommentar, Beurteilung der analysierten Werte, Nahrungsergänzung

Wenn dir Zahlen wenig sagen, dann nutze meinen Kommentar. Ich erkläre dir die ausgetesteten Werte, ich beurteile sie, ich gebe meinen Kommentar, meine Diagnose. Ich erkläre, was genau du als nächstes tun solltest, damit du dein Ziel rascher und effizienter erreichst. Ich analysiere, welche Massnahmen du intensivieren solltest, und, ganz wichtig, welche Nahrungsergänzung für dich richtig und effizient ist. Ich spezifiziere die Medis genau inkl. Dosierung (wie viel pro Tag) und ich gebe dir die Bezugsquellen an, d.h. ich schreibe dir, wo du sie bestellen kannst. Der Kommentar erfolgt per E-Mail.

Muster Medikation Nahrungsergänzung:

Arnold Lanz, Gesundheitspraxis / *Cabinet de Santé*
A-Mitglied Naturärzte Schweiz / *Naturopathe*
Klein-Schoenberg 127 · 1700 Freiburg / *Fribourg*
www.lanz-heilpraxis.ch · Mail: info@lanz-heilpraxis.ch
Konsultationen auch in 3012 Bern, 8706 Meilen
Tel. 078 683 29 44 / 026 481 39 00

Name / *Nom:* Frau Mustermann   Datum / *Date:*

	Morgen / *Matin*	10.00	Mittag / *Midi*	16.00	Abend / *Soir*	Nacht / *Nuit*
¹/₂ Std. vor dem Essen / *¹/₂ h avant le repas:*						
Fläschli / *Spray* (Hübe / *vaporisations*)						
mit dem Essen / *pendant le repas:*						
Juice Plus grün / *vert* (Gemüse / *Légumes*)						
Juice Plus rot / *rouge* (Obst / *Fruits*)						
Multivitamin bio Green	1		1		–	
Leber-Galle	2		–		2	
Oregano Dip	–		–		2	
Dr. Jacobs' Base	–		–		2	

Nächster Termin / *prochain rendez-vous:*

Angebot: Metabolic Typing, die individuell artgerechte Ernährung

Ernährungslehren gibt es viele, doch sie alle hinterfragen den Inhalt eines Nahrungsmittels. Ob es verdaubar ist, und vor allem ob du persönlich es verdauen kannst, danach fragt kaum jemand - ausser Metabolic Typing.

Es nützt wenig zu wissen, dass Orangensaft viel Vitamin C enthält, wichtig ich einzig, ob dein Magen-Darm-Trakt das Vitamin C verdauen und nutzen kann, oder ob er mit Durchfall, Blähung, Unwohlsein, Verstopfung, Übergewicht usw. reagiert.

Fakt ist und bleibt: Krankheiten können viele Väter haben, aber sie haben immer nur eine Mutter: deine tägliche Nahrung.

Mit anderen Worten: Praktisch alle Krankheiten haben einen Zusammenhang oder sogar ihren Ursprung in Nahrungsmitteln, die dein Verdauungssystem nicht verarbeiten kann. Durch nicht verdaubare Nahrungsmitttel wird dein Magen träge, die Leber entzündet sich, das Mikrobiom entgleist, der Dickdarm reagiert mit Durchfall oder Verstopfung und du nimmst zu.

Die individuelle Nahrungsmittelanalyse ist eine der wichtigsten Voraussetzung, um Krankheiten wirklich überwinden zu können und um effizient Energie aus Nahrung zu schöpfen.

Metabolic Typing liefert dir eine sehr umfangreiche Dokumentation:

- Nahrungsmittellisten, eingeteilt in "super", "geht so", "problematisch",
- Analyse deines individuellen Bedarfs an Eiweiss, Stärke, Früchten, Gemüse, Fetten, Wasser, Getränken,
- eine einfache Anleitung, wie du schmackhafte Menüs zusammenstellen kannst,
- und, als Bonus ,die Dokumentation „neutrales Ernährungs-Fachwissen".

Beispiel aus einer individuellen Nahrungsmittelliste

Früchte, Beeren (Kohlenhydrat)		
Super	Geht so	Problematisch
Apfel (60 g) Birne (60 g)	*Banane (30 g)* *Granatapfel (40 g)* *Holunderbeeren (60 g)*	Brombeeren (80 g) Erdbeeren (120 g) Heidelbeeren (100 g)
... und weitere 20-28 Zeilen		

Angebot: Aktivbild

Seit Urzeiten verwenden Kulturen und Religionen Symbole als Möglichkeit, Geist und Seele zu heilen. Symbole entfalten eine ungeahnte und leider viel zu wenig genutzte Kraft, den Geist zu reinigen, die Gedanken zu klären, den Willen zu stärken, den Charakter zu formen.

Die Wirkung und das Ziel sind unumstritten. Doch welches Symbol ist denn nun für mich persönlich in meiner derzeitigen Situation wirklich richtig? Christlich-religiös wie z.B. Engel? Indianisch? Tibetisch? Eine Rune der Kelten? I Ging? Reiki? Ein Körbler-Heilszeichen? Ein esoterisch, schamanisch, orgonisch, astrologisches Zeichen? Ein Trigramm, Hexagramm? Ein Mandala oder gar ein Fruchtbarkeitssymbol? Die Auswahl ist unübersehbar.

Mein persönliches Gesundheits-Symbol

Aktivbild analysiert deine derzeitige Situation und das dazu passende, stärkende Symbol und kann sofort benutzt werden. Du kannst ein Passbild zufügen. Analysiert wird unter all den denkbaren Symbolen das Zeichen, das in deiner Situation die höchste Heilkraft, die effizienteste Wirkung, die beste Stärkung entfaltet.

Das Zeichen wird in einem Aktivbild-Blatt per E-Mail geliefert. Es dient deiner stärkenden Meditation. Du bekommst eine genaue Anleitung zum Umsetzung und zur Nutzung.

Angebot: MindLink

Wer kennt das nicht:
- Mutlosigkeit, Stimmung, Selbstzweifel, depressive Anwandlung, Blockade, Antriebslosigkeit, Ängste, Sorgen, Kummer, Müdigkeit, Enttäuschung?
- Überreizung, Nervosität, Unruhe, Fahrigkeit, Konzentrationsschwäche.
- Chronische Krankheiten, deren Ursache als psychisch bezeichnet wird.
- Nichts scheint wirklich zu helfen; Machtlosigkeit und Ohnmacht, vielleicht auch Wut und Enttäuschung sind allgegenwärtig.

Mit MindLink deckt die wahre Ursache hinter solchen Problemen zuverlässig auf und baut sie ab. Was es auch sein mag: Stress, unbestimmte Ängste, Phobien, Durchhänger, Sorgen, auswegslose Situationen, Verzweiflung, Nervosität, Blockaden, Mutlosigkeit, Neurosen, Selbstzweifel, Burnout, Libido-Probleme, Stimmungen usw.: MindLink hilft deiner Seele und deinem Geist sie zu überwinden.

MindLink analysiert aus einer Auswahl von rund 1000 positiven Gedanken genau jene, die in deiner derzeitigen Situation heilend, aufbauend und stärkend wirken. Die Sammlung deiner persönlichen, stärkenden Sätze wird in einem Blatt per E-Mail geliefert.
Die Anwendung ist denkbar einfach. Du kannst und darfst das Blatt für deine tägliche Mediation benutzen – oder, noch viel einfacher – du legst das Blatt unter dein Kopfkissen und lässt es auf dich, deine Seele und dein Unterbewusstsein einwirken.

MindLink entfaltet eine ungeahnt angenehme, beruhigende und das Unterbewusste aufbauende Kraft. MindLink gibt dir sozusagen im Schlaf neue Kraft, Zuversicht, Sicherheit und innere Stärke. Dein Unterbewusstes wird gepflegt, deine Seele gestärkt, dein Geist geschärft, Belastungen, Blockaden fallen weg und du kannst deinen Alltag befreit und mit viel Kraft leben.

Angebot: Banerji

Banerji ist hocheffizi-
ente Homöopathie im
Bereich der Nanome-
dizin.

Banerji hat eine lange
Tradition in Indien
und wurde durch das
National Cancer Insti-
tute der USA in Praxis
und Effektivität in lan-
gen Studien hinter-
fragt, mit dem Resul-
tat, dass Banerji Pati-
enten signifikant bes-
sere Ergebnisse aufweisen als Patienten jeder anderen Behandlungsmethode.

Banerji eignet sich für alle Krankheiten. Die Begründer der Methode in Indien
haben es primär zur Behandlung von Krebs, auch von inoperablem Krebs einge-
setzt. Die eingesetzten Mittel sind denkbar einfach: frei erhältliche homöopathi-
sche Substanzen.

Banerji ist in der Anwendung sehr einfach: Aufgrund deiner Symptome oder
Arzt-Diagnose erstelle ich das Banerji Protokoll, d.h. deinen Behandlungsplan.
Darin steht, welche Homöopathie du wann, wie und wie lange einnehmen solltest. Ich analysiere ausserdem, welche Nahrungsergänzung sinnvoll und wirksam
ist.